« L'Histoire en mouvement »

Collection dirigée par Geneviève Lacroix

L'HiSTOiRE EN MOUVEMENT

D/2021/4910/78 ISBN : 978-2-8061-0640-7

Grand'Place, 29
B-1348 Louvain-la-Neuve

www.editions-academia.be

Maurits Van Overbeke

Berchtesgaden : un dîner avec le diable

ACADEMIA

À mon frère Léopold, septième garçon d'une série de huit, et qui devint dès lors, selon la coutume de l'époque, filleul du roi régnant doté du même prénom

Avant-propos

Dans une enquête orale, qui n'avait pas la prétention de répondre aux exigences des sondages modernes, l'historien Jean Stengers, (*Léopold III et le Gouvernement*, Bruxelles 1980, annexe VII, p. 271-295), obtint des réponses parfois déconcertantes. Comme il avait lui-même étudié jadis la « Question royale », tant dans ses causes que dans son déroulement et ses conséquences, il aurait voulu savoir quel souvenir l'homme de la rue en avait gardé. La plupart des réponses illustraient, si besoin était, que peu d'événements historiques échappent au prisme déformant de la mémoire collective. En effet, après un quart de siècle à peine (l'enquête date de 1973), des bouleversements politiques et sociaux, qui avaient suscité dans l'immédiat après-guerre et au début des années 1950 tant d'animosités, de polémiques outrancières, de haines partisanes, allant jusqu'à exiger des morts (Grâce-Berleur !), semblaient désormais réduits à quelques péripéties mineures. Tout le reste – et dans ce reste des événements, décisions, gestes et paroles d'une importance parfois capitale –, avait fait les frais du temps qui passe. Ainsi, comme cause de l'abdication de Léopold III, on n'avait en général retenu que son mariage sous l'Occupation avec Lilian Baels, alors qu'il avait prétendu vouloir rester près de son armée en captivité. Plus particulièrement, personne ou presque, qu'il fût favorable ou non au Roi, n'avait évoqué, comme un des facteurs déterminants de son retrait, sa rencontre avec Hitler à Berchtesgaden en novembre 1940.

Il est probable que dans les décennies qui suivirent, les faiblesses inhérentes à la mémoire collective, qui se traduisent par des raccourcis, des anachronismes ou de simples oublis, n'ont fait que s'accentuer. D'autant plus que, les acteurs et témoins principaux de cette histoire tumultueuse n'étant plus de ce monde, l'intérêt qu'elle avait jadis suscité s'est peu à peu cantonné aux austères études historiques. Quand dix ans plus tard le Roi lui-même décède (25 septembre 1983), une nouvelle enquête eût sans doute donné des résultats analogues, la plupart des Belges ne connaissant plus alors que le roi Baudouin. Comme on le fait spontanément pour des personnalités du passé, dont l'action a contribué à sculpter le présent, ils se seraient en majorité inclinés devant l'ex-Roi défunt en souhaitant paix à ses cendres. Telle ne fut pas l'attitude d'une partie de la classe politique ou syndicale qui, ayant la rancune apparemment plus tenace, refusa de prendre part à l'hommage de la Chambre et du Sénat. C'est dire la distance entre la mémoire collective oublieuse du passé et celle du monde politique qui persévère dans ses partis-pris anciens.

On peut aussi penser que par la suite, l'usure du temps eût continué à faire son œuvre à la fois déformante et apaisante, si en 2001, à l'occasion du centenaire de la naissance de Léopold III, sa veuve, la princesse de Rhéty, n'avait fait publier *Pour l'Histoire*. De toute évidence, le Souverain avait souhaité y livrer sa propre version des événements importants survenus un demi-siècle plus tôt. Ce témoignage rédigé à la première personne (le sous-titre évoquait *quelques épisodes de mon règne*) suscita tantôt un énorme intérêt – en quelques mois l'ouvrage, en version française et néerlandaise, se vendit à près de cent mille exemplaires –, tantôt des propos polémiques à cause de passages considérés comme gauchis, tronqués, voire carrément erronés.

Le hasard voulut que la même année 2001, un groupe d'une douzaine d'historiens belges, sous la direction de Michel Dumoulin, Mark Van den Wijngaert et Vincent Dujardin, publiât un ouvrage collectif ayant pour titre laconique *Léopold III*. Sans être tous sur la même longueur d'onde, mais en se basant sur l'ensemble des sources alors disponibles, les auteurs y tentèrent une approche aussi détaillée et objective que possible de la vie et du règne du quatrième roi des Belges. La plupart n'y firent pas allusion à *Pour l'Histoire,* qu'ils n'avaient sans doute pas encore pu consulter. Un des auteurs porta néanmoins un jugement commençant par l'incise : « Contrairement à ce qui est repris dans *Pour l'Histoire* » (p. 247). Et dans la dernière contribution, intitulée *Après l'abdication*, les trois éditeurs estimèrent que le témoignage du Roi « soulève beaucoup de questions, à commencer par celles des principes les plus élémentaires de la critique historique » (p. 336).

Or, vingt ans après ces publications, l'une et l'autre indispensables, quoi qu'à des titres différents, on se demandera s'il est judicieux, ou même utile, de revenir, au risque d'enflammer de nouveau les esprits, sur un des épisodes les plus marquants de l'histoire d'un pays et de son dirigeant. Si le but était de verser un énième document au dossier déjà très fourni des historiens, la réponse serait à coup sûr négative. La tentative dépasserait d'ailleurs nos compétences. Néanmoins il existe des outils d'analyse (linguistiques, stylistiques, logiques, argumentatifs, pragmatiques) qui ont fait leurs preuves ces dernières décennies, et qui permettent de mieux cerner la cohérence d'un texte, que ce soit un récit ou une plaidoirie. Bien entendu, s'agissant d'un débat factuel, rien ne servirait de faire appel à ces instruments d'appui, si l'on ne pouvait compter au préalable sur un enchaînement de faits incontestables, comme établi par les sciences historiques. Mais comme les faits ne parlent pas d'eux-mêmes, contrairement à ce qu'on prétend parfois dans un élan rhétorique, il faut les faire parler en construisant un récit où ils fonctionnent comme causes et conséquences, actions et intentions, hasards et nécessités. C'est encore plus important quand on se penche sur un récit qui se veut apologétique, comme c'est en l'occurrence le cas. Il prend alors la forme d'une argumentation à laquelle s'appliquent des règles d'analyse pragmatiques. Tel ordre chronologique, telle citation directe ou indirecte, telle expression élogieuse ou dépréciative, telle tournure à première vue innocente, participent en réalité à la construction d'une thèse, qui se veut différente, voire diamétralement opposée, à celle de la partie adverse.

Qu'on ne s'attende donc pas à trouver dans les pages qui suivent de nouvelles révélations concernant une histoire ancienne amplement documentée. Il s'agit plutôt de l'analyse la plus serrée possible d'un texte mûrement réfléchi dû à un auteur qui fut un des acteurs et témoins les plus importants de cette histoire. Les éditeurs (Racine pour la version française, Lannoo pour la néerlandaise) ont estimé que « cette publication en l'année du centenaire de sa naissance (rencontrait) le vœu que le Roi avait exprimé de faire paraître son ouvrage au moment jugé opportun ». Or, vingt ans après ce centenaire et le témoignage posthume qui l'a marqué, il est peut-être opportun aussi d'en relire un chapitre à tête reposée ou, comme le disait Tacite, *sine ira et studio*, sans se laisser envahir par la colère ou la passion.

Nous ne voulons pas clore cet avant-propos sans évoquer une dette importante contractée envers feu Jean Vanwelkenhuyzen (décédé en 2008) pour ses remarques critiques sur une version antérieure de cette analyse. Il était d'avis qu'on ne pouvait équitablement interpréter ce qu'on appelle ici « un dîner avec le diable », que si l'on tient compte des rapports de forces militaires de l'époque, en particulier avant l'engagement décisif des USA contre l'Axe Rome-Berlin-Tokyo, suite à l'attaque de Pearl-Harbor (7 décembre 1941). Il estimait aussi que faire abstraction de ces rapports aboutirait forcément à un anachronisme. Ce dont nous espérons ne pas nous être rendu coupable.

M.V.O.

1.

Des mémoires royaux

Dans son ouvrage posthume *Pour l'Histoire*, publié en 2001, le roi Léopold III entend revenir sur ce qu'il appelle dans le sous-titre « quelques épisodes de mon règne ». Déjà le titre principal n'est pas anodin : *acteur* de l'histoire, le Souverain souhaite aussi, *à un moment de l'existence où l'on voit les choses avec un recul suffisant*[1] en devenir l'*auteur*. Autrement dit, il entend en assumer, selon l'expression consacrée en critique littéraire, « la responsabilité auctoriale ». Et ce, dans l'intention évidente d'en donner une version définitive, qui soit conforme à la vérité historique. Dès lors, le mot *Histoire*[2], entendu à la fois comme enchaînement de faits et « mise en intrigue » élaborée par l'historien, s'écrit avec une majuscule.

1.1. Une démarche paradoxale ?

Au-delà de la valeur irremplaçable d'un tel témoignage, force est d'en constater la motivation paradoxale. On l'a souvent relevée chez les acteurs de l'histoire qui deviennent plus tard les chroniqueurs de leur propre action passée, en particulier chez ceux dont les décisions ou attitudes furent contestées, ce qui confine au pléonasme. Car d'une part, en disant : « L'histoire jugera ! »

[1] Dans la suite de cette analyse les citations de *Pour l'Histoire* sont imprimées en italiques.

[2] Notons que le titre, de même que le sous-titre de l'ouvrage, sont le fait des éditeurs. L'auteur lui-même aurait sommairement intitulé son texte *Propos*. Il est néanmoins plausible qu'il eût acquiescé à leur choix. On verra plus loin que celui-ci n'est pas sans poser quelques problèmes sémantiques.

ou, comme on le lit ici, *L'Histoire saura reconnaître que...*, l'auteur exprime sa confiance dans le verdict impartial de l'avenir, en ce compris l'issue du débat contradictoire entre historiens professionnels. L'expression rappelle d'ailleurs des énoncés similaires que Léopold III utilisa à diverses reprises pour invoquer l'Histoire comme juge suprême. Ainsi, le 28 mai 1940, dans son discours aux officiers, sous-officiers et soldats, il déclara : « L'Histoire dira que l'armée a fait son devoir ! » Et dans les dernières paroles qu'il prononça en tant que Roi des Belges, lors de la cérémonie d'abdication, le 16 juillet 1951, il évoqua un règne « que je laisse à l'Histoire le soin de juger ». À chacune de ces occasions, il en appelle à un *verdict* de l'histoire et, fort de l'étymologie de ce mot, il estime qu'il sera « véri-dique », qu'il dira la vérité, et que celle-ci lui sera favorable. Mais d'autre part, craignant peut-être de pécher par excès d'optimisme, surtout face à des détracteurs qui ont *fortement critiqué ou totalement déformé* ses gestes et propos, il estime qu'en histoire comme ailleurs, on n'est jamais aussi bien servi que par soi-même. Il y aurait paradoxe dans la mesure où la conviction que la postérité saura faire la part des choses n'a pas besoin d'être exprimée, encore moins défendue ou illustrée, si tant est qu'elle soit sincère. Car de deux choses l'une : ou bien on est persuadé que la vérité se rétablira d'elle-même et dans ce cas il n'y a pas lieu d'apporter son concours à sa manifestation, ou bien on estime qu'il faut « rétablir la vérité » en y mettant du sien, voire en publiant un témoignage posthume tel que *Pour l'Histoire*, et on prouve par là que sa confiance dans le verdict impartial de l'histoire n'est pas aussi entière qu'on voudrait bien le dire.

Par ailleurs, on peut se demander si un nouvel effort d'éclaircissement ou de mise au point ne constitue pas un aveu implicite de ce que les tentatives précédentes – on pense notamment à la *Lettre à Pirenne*, au *Livre Blanc*, au *Rapport* de la Commission Servais, ou encore au *Recueil de documents établis par le Secrétariat du Roi* – se sont avérées au mieux provisoires et imparfaites, au pis peu convaincantes, voire nuisibles à sa cause. En effet, ces documents anciens, rédigés, commandés ou cautionnés par le Souverain, n'apportent-ils pas la preuve que l'auteur, loin de s'en remettre à la devise « vérité vaincra », a eu le souci constant de combattre les versions des faits et des intentions qu'il jugeait, à tort ou à raison, inexactes, fausses, voire mensongères ? On ne saurait d'ailleurs lui en tenir rigueur, sachant combien les événements du passé, parfois rendus méconnaissables par des réécritures successives – palimpsestes de l'âge moderne ! –, ont rarement tendance à se défendre tout seuls ou à s'imposer d'autorité.

La question se pose également si par rapport aux publications d'après-guerre, cet ouvrage contient des révélations nouvelles ou tout au moins des indications autorisant ou imposant une relecture des événements. Sur le fond et quant à la tendance générale, la réponse est non. On peut même affirmer que la partie qui retiendra ici notre attention ne comporte aucune variante significative. Ce constat peut lui aussi motiver deux explications diamétralement opposées. D'une part, à l'instar de ce qui vaut au procès d'assises, le fait de ne pas varier dans ses déclarations, surtout quand la constance brave le long terme, doit être porté au crédit du témoin. D'autre part, la version favorable au Roi – et à plus forte raison la sienne propre – dont on sait qu'elle fut largement inspirée par le souci de favoriser son retour de captivité, puis de faciliter la reprise de ses pouvoirs constitutionnels, fut soumise à l'examen approfondi d'observateurs qualifiés, qui en ont souligné tantôt les contradictions, tantôt les affirmations mal fondées ou les oublis significatifs.

1.2. Événements ou *épisodes* ?

Voilà pour *l'Histoire* avec majuscule et le verdict qu'on peut en espérer. Quant au sous-titre, il relève lui aussi d'un choix sans doute mûrement réfléchi, mais qui interpelle. *Sur quelques épisodes de mon règne* marque tout d'abord la volonté d'opérer une sélection parmi les événements vécus. Ceux-ci sont forcément nombreux et d'importance inégale, même pour un règne qui ne dura que six ans, ce qui constitue un laps relativement court, comparé à ceux des autres rois des Belges, en ce compris celui de son fils, le roi Albert II. Si le pronom indéfini (*quelques*) laisse augurer un tri écartant le tout venant, le choix du mot *épisodes* a de quoi étonner. Dans son acception habituelle, l'épisode est une action accessoire ou incidente. On ne le relève qu'en fonction de l'action principale dont il constitue l'arrière-fond ou le cadre. Lui est inhérent un lien de dépendance par rapport à un fait capital. S'il était conçu dans l'ordre culinaire, on dirait que c'est le hors-d'œuvre ou le dessert par rapport au plat de résistance. Aussi l'emploie-t-on souvent dans un sens restrictif (*ce n'est qu'un épisode*) et sert-il comme équivalent de *péripétie*, entre l'*événement* et l'*anecdote*. Or, la plupart des vingt-huit chapitres de l'ouvrage méritent d'être considérés comme des événements de taille, et la façon dont l'auteur les traite prouve bien qu'il a une conscience aiguë de leur importance.[3] Pour ne donner qu'un exemple, il n'est pas concevable que le Souverain ait perçu « le tragique malentendu de Wynendaele » (Chapitre X) comme un simple *épisode*. Ceci étant, l'importance des faits historiques se mesure aussi à l'aune du poste d'observation qu'on occupe et de l'angle de vue qu'on adopte. Il n'est donc pas exclu qu'un monarque, habitué ou contraint par sa fonction à une certaine hauteur de vues, puisse considérer des événements, cruciaux sur le plan local certes, comme n'étant que des *épisodes* à l'échelle mondiale. On serait même tenté de privilégier cette possibilité, si le regard qu'il nécessite n'exigeait pas une équanimité à toute épreuve. Or, on n'oserait affirmer que telle est la tendance principale de l'ouvrage. En témoigne, parmi d'autres passages, celui concernant son Premier ministre Hubert Pierlot, dont le portrait est brossé sans pitié : *susceptible, méfiant, sans souplesse et de surcroît, borné et incapable d'un geste simplement humain* (p. 62). Quant à Jean Duvieusart, pourtant Premier ministre d'un Gouvernement social-chrétien homogène favorable au Roi, l'appréciation royale n'est pas plus amène : *absolument écœuré par ces basses mesquineries, qui témoignaient de la médiocrité de ces hommes qui m'avaient fait tant de promesses* (p. 154). Après des propos aussi tranchants, on conçoit que les preuves d'équanimité soient peu convaincantes. Sans doute leur rareté s'explique-t-elle par la conclusion : *il est des affronts qu'on n'oublie jamais* (p. 155).

3 La version néerlandaise de l'ouvrage est intitulée : *Kroongetuige ; over de grote gebeurtenissen tijdens mijn koningschap*. Les traducteurs ont donc voulu retenir de « grands événements » et non pas « quelques épisodes ».

1.3. Un *règne* interrompu, voire empêché ?

Dans le sous-titre toujours, un autre mot fait problème : *règne*. On sait que Léopold III accéda au Trône en 1934 et que son règne, au sens d'exercice réel du pouvoir, fut interrompu le 28 mai 1940, date à laquelle le Souverain et chef de l'armée devint prisonnier de guerre. Il fut dès lors considéré par le Gouvernement, en application de l'article 82 de la Constitution, comme étant dans l'impossibilité de régner. Or, depuis 1831, le recours à cet article – parfois joint à l'article 79, alinéa 3, qui concerne la régence –, suscita à diverses reprises de vives controverses entre les constitutionalistes, voire entre les hommes ou partis politiques qui se réclamèrent de leurs avis, lesquels se révélèrent souvent inconciliables. Dans l'histoire de la Belgique, la définition du concept juridique de « l'impossibilité de régner » fut discuté ou remise en cause à trois reprises : une première fois en 1940, pour pallier la force majeure découlant de la captivité de Léopold III ; une deuxième en 1945, pour y mettre fin dans le respect de la Constitution ; une troisième en 1990, pour éviter au roi Baudouin la signature d'une loi votée, qu'il jugea contraire à sa conscience. Or, en se limitant au recours de mai 1940, on peut se demander, comme le fait l'historien Jean Stengers[4], par quelle source de légitimité le Conseil des ministres s'est alors attribué les pouvoirs du Roi en dehors de tout contrôle des Chambres. Sa réponse – qu'il juge à juste titre « juridiquement bizarre » –, est la suivante : en vertu du discours du Premier ministre Pierlot le 28 mai 1940. C'est en effet par ce biais que fut invoqué une première fois l'article 82, lui conférant une interprétation libre commandée par l'urgence. Libre, elle le fut d'autant plus que, comme le font remarquer Jules Gérard-Libois & José Gotovitch[5], cet article ne concerne pas la décision du chef de l'État de « se placer sous le pouvoir de l'envahisseur », pour reprendre l'expression de Pierlot. Rappelons en outre qu'en 1940, le Gouvernement réfugié en France « constata » l'impossibilité

[4] Voir à ce propos Jean Stengers, *L'action du Roi en Belgique depuis 1831. Pouvoir et influence ; essai de typologie des modes d'action du roi*, Racine, Bruxelles, 1980.

[5] Jules Gérard-Libois & José Gotovitch, *Léopold III, De l'an 40 à l'effacement*, Éditions du CRISP, Bruxelles 1991, p. 44.

de régner, alors que la Constitution indiquait qu'il fallait la « faire constater » par les Chambres réunies. Or, vu la situation qui excluait le respect de la lettre, le Gouvernement semble avoir invoqué alors l'esprit de la loi, parlant d'une « impossibilité de régner effective, du fait de l'ennemi ». Il est pour le moins étonnant qu'un mois plus tard, il ait suggéré au Souverain d'entamer des négociations avec l'Allemagne et d'accepter la démission des ministres, deux décisions politiques que Léopold III était, de leur propre avis, dans l'impossibilité de prendre étant « sous le pouvoir de l'ennemi ». Quoi qu'il en soit, cette situation perdura jusqu'à sa libération par les Américains en Autriche le 7 mai 1945. Dans les cinq à six années qui suivirent, ladite impossibilité de régner, jusque-là liée à la captivité, devint en Belgique l'enjeu d'un âpre débat politique et partisan. Elle ne fut finalement levée que le 20 juillet 1950, lorsque les Chambres réunies en votèrent à la majorité la fin. Pour autant, la décision ne permit pas de réamorcer un *règne* au sens plein et entier, la Question royale devant déboucher sur l'abdication, signée le 16 juillet 1951.

Or, la plupart des chapitres et des annexes de *Pour l'Histoire* ont trait à la décennie qui s'étend entre la capitulation de 1940 et l'abdication. D'où la question : dans quelle acception le Souverain entend-il user du terme *règne* ? Il est vrai que si le concept est déjà difficile à cerner par ce qu'il contient ou suppose, il l'est encore davantage par ce qu'il exclut ou n'est pas. Si le Roi entend par *règne* l'exercice réel de ses pouvoirs, la période de captivité – successivement à Laeken, à Hirschstein en Allemagne et à Strobl en Autriche –, ne pourrait être appelée ainsi que dans un sens très large, considérant par exemple que son mandat ne fut qu'interrompu par l'occupant en 1940. C'est ainsi qu'évoquant son entrevue avec Paul Tschoffen le 4 juin 1940, le Roi fait dire à son interlocuteur, qui note dans son rapport l'attitude politique de celui-ci depuis le 28 mai : *provisoirement, le Roi ne règne pas.* (p. 55) Observons toutefois que le principe sur lequel il entend baser son inactivité forcée depuis la reddition, n'est pas l'impossibilité de régner telle que prônée par le Gouvernement, mais son statut de *prisonnier politique* et l'interdiction de poser aucun acte politique *aussi longtemps que le territoire belge sert à des opérations militaires.* Il invoquera d'ailleurs ce principe à plusieurs reprises, entre autres pour ignorer les demandes du Gouvernement en juin 1940. En l'occurrence, le sens que le Souverain attribue au terme *règne* dépend dans une large mesure du jugement qu'il porte sur l'interprétation de l'article 82 par son Gouvernement. Tant qu'il est prisonnier politique, celle-ci coïncide *de facto* avec son attitude d'abstention. Mais qu'en est-il de la période consécutive à sa libération ? Dans une note rédigée à la veille de la consultation populaire de 1950, où il énumère pour mémoire les faits saillants depuis la fin de la guerre, il pointe le 17 juillet 1945, date à laquelle, écrit-il, *le Parlement décide de m'empêcher de reprendre mes prérogatives constitutionnelles, invoquant à mon égard l'impossibilité de régner du fait de l'ennemi, trois mois après ma libération*. Et d'appeler cette mesure *une fiction juridique à l'abri de laquelle se réfugient la raison et la conscience des gouvernants et des élus du peuple* (p. 138). Il exprime ainsi son refus d'étendre la portée de l'article 82 au-delà du terme de sa captivité.

Est-ce à dire qu'en dénonçant cette *fiction juridique* après sa libération, il reconnaît *de facto* qu'avant cette date, ce n'en était pas une ? Autrement dit, aurait-il ainsi marqué son accord, au moins implicite, avec l'interprétation « libre » que le Gouvernement avait donnée de l'article 82 en mai 1940 pour la période de captivité ? Rien n'est moins sûr, quand on constate que dans le « Testament politique », dont la rédaction date de fin 1943 – début 1944, le Roi rappelle *in fine* qu'*aux termes de la constitution, un traité n'a de valeur que s'il est revêtu de la signature royale.*[6] Or, le Gouvernement, fort de l'article 82 et du transfert des pouvoirs royaux qui en résultait à son avis, avait depuis 1940 conclu des accords nombreux et variés, qui ne portaient pas ladite signature.[7] Ce seul rappel indique assez qu'au bout de quatre années de guerre, le Souverain persistait à considérer que l'exercice des pouvoirs royaux par le Gouvernement à Londres n'était pas conforme à la

[6] De même, dans sa motivation de la demande du contreseing (p. 45), le Roi écrit : « il importe de noter que c'est le Roi qui fait les traités de paix, d'alliance et de commerce (article 68 de la Constitution), en sorte que le ministre ne pourrait conclure aucun arrangement ou traité sans l'accord du Roi. »

[7] Toutes les décisions prises par le Gouvernement entre le 28 mai 1940 et le début de la régence (20 septembre 1944) seront d'ailleurs couvertes par un arrêt de la Cour de cassation en date du 12 décembre 1944.

Constitution. Quant à la période entre sa libération et le vote de la fin de l'impossibilité de régner, il estime à l'évidence que son règne s'est poursuivi dès sa libération par la restitution de ses pouvoirs constitutionnels qui auraient dû s'ensuivre. Et cette conviction semble motivée, non par une quelconque levée de l'impossibilité de régner, mais du seul fait que sa captivité a pris fin et que le territoire belge ne sert plus à des opérations militaires. Autrement dit, dès lors que l'ennemi avait été chassé de ce territoire, l'expression « du fait de l'ennemi », qui avait motivé l'interprétation libre de mai 1940, privait de toute légalité l'impossibilité de régner qu'elle semblait étayer.

Curieusement, cette jurisprudence implicite semble avoir été partagée par le Premier ministre Hubert Pierlot, du moins si l'on en croit son discours à la radio de Londres, le 7 juin 1944, soit au lendemain de la déportation du Souverain, lorsqu'il affirma que « le Roi recouvrera par sa seule libération l'exercice de ses prérogatives ». Une analyse similaire pouvait se lire dans le discours du prince Charles devant les Chambres réunies lorsque, le 21 septembre 1944, prêtant serment comme Régent, il appela de ses vœux le jour où « nous verrons (le Roi), lui aussi libéré, reprendre les pouvoirs constitutionnels qui lui appartiennent. »[8] Notons néanmoins que, quelques jours avant sa prestation de serment, le futur Régent avait reçu de Robert Capelle[9], ancien secrétaire du Roi, un pli contestant la légitimité de la régence basée sur l'application de l'article 82. Il y suggéra que si les hommes politiques insistaient en l'occurrence pour invoquer cet article, c'était sans doute pour justifier « après coup » la légalité de l'application qu'ils en avaient faite en 1940. La démarche de R. Capelle traduisait à n'en pas douter la manière de voir de son maître : l'impossibilité de régner telle que déduite de l'article 82 en 1940 n'était valable ni pour la période de la guerre ni pour celle d'après.

Étant donné la diversité des arguments qui furent brandis en l'occurrence, on peut clore ce débat de terminologie juridique en

8 Cité par Jules Gérard-Libois & José Gotovitch, *op. cit.*, p. 90-91.

9 Cette lettre datée du 19 septembre est reproduite notamment dans André de Staercke, *Mémoires sur la régence et la Question royale*, Racine, Bruxelles, 2003, p. 111-112.

constatant que l'auteur de *Pour l'Histoire* entend employer le terme *règne*, appliqué à la période de captivité, dans le sens de « règne interrompu » avec la nature provisoire qui le caractérise. Selon ses propres termes, c'est un temps où *provisoirement le Roi ne règne pas*. Quant à la période entre sa libération et la levée officielle de l'impossibilité de régner, il semble la considérer comme un règne restauré, l'interruption due à la captivité ayant légalement pris fin. Dès lors, il aurait régné par régence interposée, au sens où, empêché de régner dans son royaume par ceux qui invoquaient ce qu'il appelle une *fiction juridique*, il aurait néanmoins exercé son mandat hors de celui-ci. Cela semble confirmé par le fait que c'est en tant que Roi qu'il fut consulté à diverses reprises par ses ministres – et qu'il convoqua parfois certains d'entre eux – en Autriche, en Allemagne ou en Suisse.

1.4. Regards froids sur un texte

Dans ce qui suit, nous nous proposons de focaliser notre analyse sur un des *épisodes* les plus controversés du *règne* de Léopold III, à savoir l'entrevue de Berchtesgaden, dans la version que le Roi narrateur en fournit au chapitre XVII de l'ouvrage. Comme une démarche aussi importante ne constitue pas un acte isolé, mais s'inscrit dans la durée entre des antécédents significatifs et des conséquences qui ne le furent pas moins, il nous faudra élargir la perspective de manière à assurer une profondeur de champ suffisante. Notre angle d'attaque ne sera pas celui des historiens de métier. Leur compétence et leur souci principal sont de solliciter toutes les sources disponibles pour restituer dans leur vérité ou vraisemblance les événements, situations, actions et intentions, étant donné le contexte et l'atmosphère de l'époque. De notre côté, nous lirons ce témoignage comme un récit appelant une critique textuelle. En effet, tout texte narratif peut être considéré comme un tissu linéaire[10] tendu entre un début et une fin, qui demande à

[10] Le mot *texte* est d'une étymologie intéressante : il signifie d'abord tissu, enlacement de fils produisant une étoffe ; ensuite, un enchaînement de faits dans un récit. Dès lors aussi, le *pré-texte* est une trame cachée, un faux-fuyant qui occulte une intention honteuse ou inavouable.

être décodé dans cet ordre. Le rédiger c'est faire appel à des outils linguistiques et rhétoriques pour représenter un état de choses ou une suite de faits et d'actions sur fond de causalités, de circonstances et d'intentions. S'agissant d'une histoire non fictionnelle, c'est déployer un enchaînement menant à une issue factuelle ou militant en faveur d'une conclusion. Quand le récit doit en outre servir une justification, comme c'est à l'évidence le cas ici, le simple rappel des faits ne peut suffire. Encore faut-il, pour qu'il puisse emporter l'adhésion, les sélectionner, les ordonner et les orienter dans le sens voulu. Certes, la vérité ou la vraisemblance, telles qu'elles résultent du débat contradictoire entre historiens, doivent constituer la base du dossier. Car on ne voit pas comment un argumentaire, aussi brillant fût-il, pourrait convaincre, s'il ne respectait pas d'abord la vérité des faits, telle qu'elle découle de l'analyse des sources. Il nous faudra donc commencer par rappeler certains événements dûment établis par les recherches historiennes et relever si nécessaire les différences entre ceux-ci et les souvenirs du Roi narrateur.[11]

Toutefois, le récit justificatif ne se limite pas à ce rappel factuel. Il résulte de tout un travail de mise en perspective, dont les leviers majeurs sont d'ordre rhétorique. L'avocat ne procède pas autrement pour concevoir son plaidoyer. Une fois enregistrés les faits, entendus les témoins à charge ou à décharge, passés en revue les indices et les preuves, il lui reste à construire, avec les moyens offerts par la langue et la logique, une « pente argumentative » dictée par l'intérêt du client. En effet, il est rare que, dans son infinie complexité, la réalité des faits induits des témoignages et des indices, mène directement à la culpabilité ou à l'innocence. Toute une gamme d'interprétations reste possible, favorisant l'une ou l'autre selon l'importance qu'on accordera à tel indice, l'impasse qu'on fera sur tel témoignage, le rapport qu'on établira entre tels faits ou gestes à première vue sans liens directs. Néanmoins, sur

[11] L'analyse textuelle utilise couramment la distinction entre *auteur* et *narrateur*. Toutefois, dans la plupart des récits non fictionnels, tels que les *Mémoires*, les deux sont censés coïncider. Cette distinction laisse néanmoins sans réponse la question de l'identité du *rédacteur*, de la personne qui tient la plume. Les *Mémoires*, surtout politiques, semblent être un genre qui permet ou favorise la différence entre le *rédacteur* qui rédige et l'*auteur* qui signe.

un point important la comparaison avec la préparation d'une plaidoirie est en l'occurrence bancale : comme c'est souvent le cas des *Mémoires* des acteurs de l'histoire, le récit qu'on lira est le fait d'un auteur qui est un même temps témoin, avocat et client.

1.5. Des historiens aux écrivains

Dans l'avant-propos de son ouvrage, Léopold III tient à distinguer entre *les historiens* et *les écrivains.* Il met au crédit des premiers que *nombre d'entre eux* se sont attachés à *rétablir la vérité.* Il blâme les derniers, du moins certains d'entre eux, au motif qu'ils *n'ont pas agi avec la même impartialité* et qu'ils ont même été *jusqu'à (lui) faire des procès d'intention.* Le Souverain ne semble pas avoir prévu la combinaison des deux, en particulier le cas d'écrivains s'improvisant historiens. Pas plus qu'il ne semble avoir été frappé par le nombre d'écrivains qui prétendent eux aussi *rétablir la vérité,* sans avoir fait l'exigeant détour par la critique historique. Quant à nous, ne revendiquant pas les compétences de l'historien, mais pouvant exciper d'une certaine expérience dans la critique textuelle, il nous reste à demander l'hospitalité des *écrivains,* tout en espérant ne pas être visé par les reproches du Souverain. On verra qu'en ce qui concerne le contenu factuel, nous avons tenu à suivre à la lettre le conseil royal, faisant confiance à *nombre d'historiens* qui ont agi *avec impartialité* et qui ont tenté de *rétablir la vérité.*

2.

Un voyage en Bavière

Il nous faut d'abord poser la question : que sait-on de l'origine et de la préparation de l'entrevue de Berchtesgaden ? Pour y répondre, il n'est pas inutile de rappeler, ne fût-ce qu'en diagonale, la suite des événements depuis la reddition de l'armée belge le 28 mai 1940. On en trouve un exposé très circonstancié et abondamment documenté dans l'ouvrage d'Albert De Jonghe[12], paru en 1972. Depuis lors d'autres sources sont devenues accessibles, comblant petit à petit un puzzle qui reste encore lacunaire, mais dont on peut dégager les grandes lignes sans risque majeur de se tromper. Dans l'ordre chronologique, il s'agit de l'enchaînement suivant.

2.1. Le Roi prisonnier en son palais

Après la Campagne des dix-huit jours, le Roi rentre au château de Laeken le 30 mai 1940. Le lendemain, le chef de la chancellerie présidentielle allemande, un nommé Otto Meissner, lui remet de la part d'Hitler une invitation à une rencontre. Léopold III élude

[12] Albert De Jonghe, *Hitler en het politieke lot van België*, vol. I, De Nederlandsche Boekhandel, Antwerpen-Utrecht, 1972. La valeur de l'analyse est soulignée par Jean Stengers. L'auteur de *Léopold III et le Gouvernement* (Racine, Bruxelles, 2002 pour la deuxième édition augmentée) la classe parmi les « études fondamentales ». Dans leur ouvrage monumental *Leopold III, de koning, het land de oorlog*, Lannoo, Tielt, 1994, Jan Velaers & Herman Van Goethem soulignent également le rôle pionnier de l'étude, en particulier pour ce qui concerne le voyage à Berchtesgaden. Ils exploitent du même auteur l'article « Berchtesgaden (19 november 1940) ; voorgeschiedenis, inhoud en resultaat », *Res Publica*, 1978, p. 41-53.

la proposition, d'abord en prétextant vouloir consulter la Reine mère ; ensuite en marquant son accord de principe, à condition que le rendez-vous puisse se faire incognito. Dans sa réponse du 4 juin, le Führer se réjouit de l'accord de principe mais refuse la condition. Il propose de revenir sur la question ultérieurement, quand les opérations militaires en France auront pris fin. Trois semaines plus tard, Meissner informe Hitler d'un télex daté du 26 juin, de la part de Werner Kiewitz, adjudant d'Hitler auprès de Léopold III, par lequel ce dernier fait savoir qu'il « serait reconnaissant si l'entretien prévu avec Hitler pouvait avoir lieu dès à présent ».[13] On aura noté que le souhait n'est plus conditionné par l'incognito et laisse au destinataire le choix du calendrier et du lieu. Par le même télex, le Roi suggère les sujets qu'il souhaite y aborder : le sort des soldats prisonniers en Allemagne, ses rapports avec le Gouvernement belge en France (étant donné son statut actuel, il n'a pas d'influence sur ses ministres ni l'autorité nécessaire pour former un nouveau Gouvernement) ; enfin, pourvu que cela puisse se faire dans le plus grand secret, il demande l'aide allemande en vue de la récupération de l'or de la Banque Nationale et la restitution des archives royales, dont l'accompagnateur avait été arrêté en France. Trois jours plus tard, ne recevant pas de réponse aux télex du 22 et 26 juin, le Roi enverra l'adjudant Kiewitz à Berlin pour plaider la possibilité, sans doute inspirée par le précédent de Vichy, de régner sur une partie de la Belgique, qui serait soustraite à l'occupation allemande. La requête sera assortie du souhait de quitter temporairement le pays en cas de rejet. Hitler refusera néanmoins.

Ensuite, le mois de juillet marque une certaine détérioration des rapports entre Hitler et Léopold III, ce qui explique peut-être l'absence de réaction du Führer aux suggestions du Roi. En effet, informé d'initiatives politiques qui se prépareraient à Laeken, le chancelier fait parvenir à Bruxelles des directives appelées plus tard

[13] En version française le passage concernant le rendez-vous est le suivant : « Roi avec qui ai fait ce jour à nouveau longue promenade, vous prie assurer une fois de plus Führer qu'il est toujours prêt à le rencontrer pour entretien, quels que soient date et lieu. » Dans son ouvrage *Le ravin du loup. Hitler en Belgique et en France mai-juin 1940*, Racine, Bruxelles, 2000, René Mathot cite un télex de Meissner à Hitler en date du 22 juin, qui fait état de la même demande du Roi. L'expression « une fois de plus » dans le télex du 26 juin semble renvoyer à celui du 22.

les « instructions de juillet ». Elles chargent le général Alexander von Falkenhausen, Gouverneur militaire à Bruxelles, d'enjoindre au Souverain de s'abstenir strictement de toute action politique et ne comportent plus la perspective d'une rencontre. Les rapports en restent là aux mois d'août et de septembre.

Dans la seconde moitié de septembre, arrive à Laeken la sœur du Souverain, Marie José, épouse d'Umberto, prince héritier de la couronne d'Italie. Elle y demeure environ trois semaines, jusqu'au 14 octobre, date de son départ pour l'Allemagne, le but du voyage étant Berchtesgaden, où elle aura une entrevue avec Hitler le 17 octobre. Elle rentre à Laeken le 19, non sans avoir obtenu du chancelier un rendez-vous pour son frère le Roi. Elle repart pour l'Italie le lendemain en compagnie de la reine Élisabeth. La rencontre Hitler–Léopold III aurait pu avoir lieu quelques jours plus tard, le 25 octobre, à Yvoir en Belgique, où le Führer s'était rendu en train, mais d'où il dut repartir précipitamment pour Florence, espérant y retrouver B. Mussolini, qu'il voulait dissuader d'attaquer la Grèce. Le rendez-vous avec le Roi fut dès lors postposé et n'eut finalement lieu que le 19 novembre à Berchtesgaden.

2.2. La version royale

Voyons maintenant comment l'auteur de *Pour l'Histoire* relate les faits dont il fut l'un des principaux acteurs. Dans ce qu'on appelle en termes d'édition le « chapeau », soit un abrégé du chapitre, il promet de narrer *comment le désir d'Hitler de (le) rencontrer a été éludé pendant des mois pour être finalement admis en octobre 1940.* Cette phrase est un fidèle condensé de la première partie du chapitre. On y lit d'abord l'affirmation insistante que depuis le début, c'est Hitler qui est demandeur. Non seulement le Roi ne voit pas l'intérêt d'une rencontre, mais l'idée même d'une *convocation* ou d'une *visite* du Führer le *préoccupe.* Notons le choix de ces termes : si c'est en triomphateur qu'Hitler le *convoque* ou lui impose une *visite,* il faudra bien subir la loi du plus fort, mais ce sera au corps défendant du Souverain, désormais prisonnier. On comprend que l'entrevue lui ait été *un sujet de préoccupation.* Quelques jours plus tôt, le 28 mai, dans un discours du Premier ministre Pierlot à la radio de Paris, il a été accusé d'ouvrir des négociations et de traiter avec l'ennemi. Dès lors, il faut éviter toute initiative permettant d'accréditer le bien-fondé d'un tel procès. Une manière diplomatique de circonvenir la demande est d'exiger l'incognito. Car de deux choses l'une : ou bien un Hitler victorieux veut discuter, au vu et su de chacun, avec le représentant d'une des plus anciennes dynasties d'Europe, vaincu certes, mais encore utilisable à des fins de propagande ; auquel cas, l'incognito ne sera pas de son goût (ce qui dut s'avérer une analyse correcte). Ou bien le Roi se voit forcé d'accepter une rencontre, mais en cachette, et alors l'accusation de traiter avec l'ennemi n'y pourra puiser la moindre preuve.

Ce fut donc là une manœuvre habile pour *éluder le désir d'Hitler*. Peut-on en déduire pour autant qu'elle se soit poursuivie *pendant des mois,* comme on le lit dans le « chapeau » ? S'il faut respecter les dates, ce qui n'est pas une demande excessive pour un auteur voulant témoigner « pour l'Histoire », on se heurte ici à un premier obstacle. Il n'y aurait aucun problème si au lieu de *mois,* l'auteur avait choisi le mot *semaines,* ce qu'il fait d'ailleurs un peu plus loin, mais en parlant des pressions de son entourage. (*Pendant des semaines, je réussis à éluder la question. Je voulais gagner du temps.*) Car si nombre de témoins confirment que, début juin, le Roi fit la sourde oreille à la sollicitation d'Hitler, le télex du 26 juin atteste un changement d'attitude et même, si l'adjudant Kiewitz a bien traduit la pensée de son royal prisonnier, une véritable inversion des rôles, le Roi devenant demandeur. Le terme *mois* ne se justifierait que si l'idée d'une rencontre n'avait été *finalement admise* qu'en octobre, ce qui n'est pas conforme à ce que suggèrent les échanges connus de fin juin. Le Roi reconnaît d'ailleurs un changement d'avis, même s'il le situe plus tard dans l'année. Il cite trois instances qui le favorisèrent en faisant valoir les intérêts supérieurs du pays : d'abord *d'aucuns* (on devine des membres de sa Maison ou de son entourage), qui étaient *animés des meilleures intentions.* Ensuite l'adjudant Kiewitz, qui ne bénéficie pas d'un procès d'intention aussi flatteur, alors qu'il faisait valoir le même argument, à savoir l'intérêt de la Belgique. (Peut-être faut-il voir un certain agacement rétrospectif du Roi narrateur envers son « surveillant » allemand, dans la remarque que celui-ci y revenait *sans cesse.*) Enfin il y a sa sœur la princesse Marie José, dont nous reparlerons dans un instant.

En attendant, le Roi dit avoir résisté – *pendant des semaines*, on l'a noté – à ces pressions, au motif qu'il ne voulait pas être le *premier chef d'État à devoir se rendre auprès du chancelier*. Les mots importants sont ici *premier* et *devoir*. En bonne logique, l'auteur sous-entend qu'une rencontre eût pu obtenir son aval, à la double condition qu'un autre chef d'État l'eût précédé, que celui-ci eût donc créé un « précédent », et qu'il ne s'y fût rendu que contraint et forcé, comme on répond à une convocation péremptoire. Or, on sait qu'au mois d'octobre, après la Bataille d'Angleterre qui était loin d'avoir donné les résultats qu'Hitler en escomptait – à savoir, l'invasion et l'occupation de l'île –, celui-ci devait rencontrer une série de dirigeants, dans l'espoir de constituer une « coalition continentale » contre l'Angleterre encore invaincue. C'est ainsi qu'il eut un entretien avec Mussolini le 4 octobre, avec Laval le 22 octobre, avec Franco le 23 octobre, avec Pétain le 24 octobre et avec Molotov les 10 et 11 novembre. Notons que la plupart du temps il rendait visite à ses interlocuteurs, soit dans leur pays respectif, soit aux frontières de ceux-ci. On a vu qu'il était prêt à en faire autant pour Léopold III, à Yvoir. Bien entendu, pour le Duce, le Caudillo et Molotov, étant donné leur alliance avec le Reich ou leur sympathie pour celui-ci – le pacte germano-soviétique était toujours en vigueur ! – il ne pouvait être question de *convocation* ou de la coercition qu'elle implique. Pour le Maréchal Pétain et Laval, dirigeants d'une France coupée en deux par la frontière entre la « zone libre » (Vichy) et la zone occupée, l'entrevue avait certes un caractère différent, mais on ne pouvait en déduire au sens strict qu'un *chef d'État avait dû se rendre auprès du chancelier*. En effet, le sens coercitif dans le mot *devoir* ne s'applique guère à la rencontre de Montoire. On sait que malgré un rapport de forces écrasant au bénéfice du Führer, celui-ci y apparut aussi comme demandeur en vue de ladite « coalition continentale », mais qu'il dut se contenter d'un accord de principe et faire finalement chou blanc. Or, la phrase *Je ne voulais pas être...* n'est pas la simple expression d'une volonté dans un lointain passé. Elle possède aussi une valeur argumentative dans le contentieux d'après-guerre – et jusqu'en 2001 –, dans la mesure où elle donne indirectement à penser : si le Roi a fini par serrer la main d'Hitler, c'est que d'autres dirigeants l'avaient fait avant lui. L'argument n'est certes pas décisif, et le fait d'y avoir recours dénote plutôt un « faute de mieux » dans le chef du plaideur. Mais le serait-il, qu'il se trouverait aussitôt démenti par le télex de juin. C'est en effet *in tempore non suspecto,* soit quelque quatre mois avant Montoire – l'entrevue Hitler-Pétain est du 22 octobre –, que Kiewitz informe le Führer du désir du Roi de le rencontrer.

Dès lors, une remarque similaire concerne le mot *devoir* dans la phrase infinitive *être le premier à devoir le rencontrer.* Car si on ajoute foi au message de Kiewitz, il ne peut être question d'un *devoir,* s'agissant du Roi des Belges, qui en a exprimé le *désir.* Sans oublier que le câble contient l'expression *nunmehr* (dès à présent), c'est-à-dire fin juin, ce qui semble contredire la volonté du Roi de ne se plier à la *convocation* d'Hitler qu'à la suite d'autres dirigeants, ceux-ci ayant attendu octobre ou novembre. Autrement dit, si la vérité historique est que Léopold III ne s'est *rendu auprès du chancelier* qu'après une série d'autres interlocuteurs, les événements ultérieurs ne peuvent faire oublier les demandes antérieures du Roi. En l'occurrence, le fait d'avoir été reçu plus tard (une semaine après Molotov) n'est pas en contradiction avec son souhait attesté d'être reçu plus tôt.

2.3. Un ou deux voyages princiers ?

On achoppe sur une difficulté similaire dans la façon dont le Roi narrateur raconte la visite de sa sœur Marie José. Il y a d'abord un problème d'itinéraire à première vue mineur, mais dont il faut étudier à fond les implications. Le Roi parle de la princesse de Piémont qui, *se rendant d'Italie en Belgique, était passée par l'Allemagne, où elle avait vu le Führer.* Un peu plus loin on lit que la même *s'offrit spontanément à revoir Hitler, à lui décrire la situation en Belgique et à (lui) arranger une rencontre.* Selon cette version, Marie José aurait donc eu deux entretiens avec Hitler, un premier avant son séjour à Laeken, un deuxième après. Cela se serait passé, selon le souvenir du Roi, *au début de l'automne.* Ce qui semble exact puisque, au vu des sources, Marie José était porteuse d'un message du Pape en date du 15 septembre et que Paul Delandsheere & Albert Ooms[14], font état de sa présence au palais de Laeken à la date du 26 septembre, en notant qu'elle y réside « depuis quelques jours ». La question des contacts de Marie José avec Hitler se résume donc ainsi : s'agit-il de l'entrevue du 17 octobre, attestée par les sources, et qui eut lieu après son séjour à Laeken, ou y en eut-il une autre avant ce séjour, comme le suggère le Roi narrateur ? On devine l'importance de la réponse. Dans les deux versions, la princesse rend visite à un chancelier qu'elle connaît depuis quelques années. Pour évaluer l'ascendant relatif qu'elle pouvait exercer sur son interlocuteur, rappelons qu'en 1930 elle avait épousé Umberto de Savoie, Prince de Piémont, fils de Victor-Emmanuel III, d'où son titre de Princesse de Piémont. Mussolini avait profité des festivités du mariage pour offrir à ses invités, dont bon nombre de têtes couronnées, une image flatteuse du régime fasciste[15], lequel était considéré par le roi d'Italie avec des sentiments allant de la sympathie à l'admiration. (Après la guerre, il devra d'ailleurs abdiquer en faveur de son fils Umberto, qui accédera au Trône le 9 mai 1946 avec à ses côtés Marie José, désormais reine. La succession sera toutefois éphémère puisque, suite au referendum constitutionnel du 2 juin 1946, l'Italie deviendra une république.) Bien entendu, les prévenances d'Hitler envers la Maison de Savoie, en particulier envers la Princesse de Piémont, n'étaient pas dénuées d'arrière-pensées politiques. Elles étaient dues avant tout au fait qu'en 1936, le Führer avait conclu avec le Duce un pacte appelé « l'Axe Rome-Berlin ». Depuis lors, la connivence entre les deux régimes fascistes commandait l'affabilité, voire une galanterie de chevalier servant, dont Hitler se piquait envers les dames de la noblesse. Sans doute savait-il le prince héritier moins favorable au régime fasciste que le roi régnant, mais étant donné la collaboration réelle ou espérée avec l'Italie, il s'imposait de ne pas insulter l'avenir. On sait

[14] Paul Delandsheere & Albert Ooms, *La Belgique sous les nazis,* Édition Universelle, Bruxelles, s.d., vol. I, p. 143.

[15] Voir à ce propos Luciano Regolo, *Marie-José de Savoie ; La reine de mai,* Racine, Bruxelles 2001, p. 85.

par ailleurs qu'il trouvait la princesse Marie José « la seule femme sympathique à la Cour d'Italie, une femme naturelle ».[16]

Ces rapports anciens étant rappelés, que peut-on en déduire pour le voyage en question ? Si la princesse a fait un détour par Berchtesgaden avant Laeken, trajet plausible dans la mesure où l'endroit n'est pas excentrique par rapport à l'itinéraire Italie-Belgique, cela signifie que sa démarche auprès de son frère Léopold est inspirée par ce qu'elle vient d'apprendre en Bavière. C'est elle alors qui, forte de l'entrevue récente avec le chancelier allemand, peut reprocher à son frère son *attitude rigide* (le refus de rencontrer Hitler), dont elle pense qu'elle *fait plus de tort que de bien à la cause belge*. C'est elle encore qui est en mesure de lui apprendre que *le Führer est encore favorablement disposé à l'égard de la Belgique*. C'est elle enfin qui peut lui conseiller : *Tu devrais le voir*. Tout autre est la situation si Marie José ne fait qu'un seul voyage à Berchtesgaden, et ce, après son séjour en Belgique et à partir de Laeken. On comprend moins bien alors comment elle peut tenir ce langage à son frère, en particulier, comment elle serait mieux informée que lui des « dispositions » d'Hitler, alors que le Roi dispose dans son entourage immédiat d'un adjudant surveillant qui a un accès régulier à la chancellerie présidentielle (Meissner), voire au chancelier du Reich lui-même. En revanche, si l'hypothèse d'un seul voyage se confirme, elle ne s'est pas *offerte spontanément à revoir Hitler*, mais peut avoir été porteuse, non seulement d'une liste de sujets à aborder avec le Führer, mais aussi d'une demande d'entrevue émanant du Roi. Dans cette hypothèse, l'approche aurait été conçue à Laeken. Avec la conséquence qu'au lieu d'être à l'origine de l'initiative, Marie José n'en aurait été que l'instrument. Son crédit après du Führer en tant qu'épouse du prince Umberto, aurait été mis à profit non seulement *pour alléger le sort de (ses) compatriotes*, mais aussi pour en obtenir une faveur qu'apparemment son frère aurait sollicitée en vain depuis le 22 juin.

[16] Cité par Jan Velaers et Herman Van Goethem, *op. cit.*, p. 544. En 1940 donc, cette déférence était encore tout sauf imaginaire. Néanmoins, après la chute du régime fasciste en Italie, le 25 juillet 1943, le Führer estimera avoir désormais les mains libres pour traiter Léopold III et sa famille avec moins d'égards. Pas étonnant dès lors qu'en juin 1944 il fît déporter ceux-ci en Allemagne et qu'en même temps il imposât en Belgique occupée l'administration civile.

Si les deux versions sont historiquement possibles, il va de soi qu'un avocat soucieux de l'intérêt de son client éviterait à tout prix la deuxième. Toutefois, privilégier la première, celle de deux entrevues, comme le fait l'auteur de *Pour l'Histoire*, comporte l'inconvénient qu'en ce cas on devrait disposer de deux rapports allemands, l'interprète Paul-Otto Schmidt assistant toujours aux entretiens d'Hitler, pour traduire les propos et les noter en sténographie. Or, on n'en retrouve qu'un seul, en date du 17 octobre justement. Qu'à cela ne tienne, objectera l'avocat, l'interprète en question a pu avoir un empêchement ce jour-là ou le rapport de la première rencontre, celle du « détour » par la Bavière avant le séjour à Laeken, a pu se perdre. Ce n'est en effet pas impossible, sauf que, dans l'unique rapport conservé, Hitler dit à Marie José, en guise de bienvenue, que lors de leur dernière rencontre, il n'avait jamais imaginé qu'ils allaient se revoir « dans des circonstances aussi dramatiques ». La rencontre antérieure évoquée par Hitler se situait donc à une époque qui n'était pas encore « aussi dramatique ». Elle ne pouvait dater d'il y a seulement quelques jours ou semaines, voire du *début de l'automne 1940* (indication temporelle due au Roi narrateur), car à cette époque, la situation n'était pas moins dramatique que le 17 octobre. Tout indique donc qu'Hitler faisait allusion à leur dernière rencontre d'avant-guerre, lors de sa venue à Naples en 1938, et que depuis lors il n'y en avait pas eu d'autres. Force est de se rendre à l'évidence, c'est bien la deuxième version, celle d'un seul voyage de Marie José à Berchtesgaden, qui semble la plus conforme à ce qu'indiquent les sources. Cette version fut d'ailleurs confirmée bien plus tard par la princesse elle-même, lorsqu'elle déclara, dans une interview de *La libre Belgique* du 13 mars 1973, que lors de son entrevue du 17 octobre à Berchtesgaden, elle était porteuse d'un billet aide-mémoire où figuraient les quatre points que son frère l'avait priée de soumettre au Führer, la demande d'un entretien privé pour le Roi des Belges y figurant en bonne place. (Les autres sujets à aborder étaient le problème du ravitaillement et des prisonniers de guerre, l'inactivité politique du Roi, entre autres concernant le sort du Congo, et la possibilité d'importer des céréales d'Amérique avec l'aide de la Croix Rouge.)

Dans le même chapitre XVII, consacré à l'entrevue de Berchtesgaden, le Roi narrateur a trouvé judicieux d'insérer une copie d'un rapport écrit de sa main et légendé « *compte rendu de la relation donné par ma sœur, la princesse de Piémont, de son entrevue avec Hitler* » (p. 75-76). Il est dès lors intéressant de comparer les souvenirs que Marie José confia aux journalistes en 1973, avec la *relation* qu'elle aurait faite du même entretien à son frère en 1940, du moins selon la version autographe de ce dernier. Or, si la comparaison permet, comme on pouvait s'y attendre, de constater de nombreuses ressemblances, voire une identité dans les grandes lignes – d'ailleurs confirmées par le rapport de l'interprète Schmidt et les notes de l'adjudant Kiewitz –, le document du Roi comporte une lacune importante : on n'y trouve pas trace de Marie José demandant un rendez-vous pour Léopold III. Il est possible, mais tout de même peu probable, qu'en confiant à son frère les détails de son entrevue bavaroise, la princesse ait omis ou oublié de rappeler précisément cette requête, qui figurait en bonne place sur son aide-mémoire.

Mentionnons enfin un oubli troublant (les historiens parlent d'un *argumentum silentii*) qui tend à affaiblir encore, voire à infirmer, l'hypothèse d'un double voyage de la princesse, telle que maintenue dans *Pour l'Histoire*. Dans le *Livre blanc* (mémoire publié par le secrétariat du Roi), qui date de 1946 et dont le rédacteur n'est autre que son secrétaire particulier Jacques Pirenne, l'auteur déploie tout un argumentaire tendant à prouver que le rendez-vous de Berchtesgaden fut l'initiative non du Roi, mais d'Hitler. Or, le prétendu détour bavarois de Marie José (avant son arrivée à Laeken, s'entend) eût constitué un argument de poids en faveur de cette thèse. Quoi de plus logique, en effet, que l'itinéraire suivant : partant d'Italie pour rendre visite à son frère à Bruxelles, la princesse fait un crochet par Berchtesgaden, où elle apprend de la bouche du Führer que celui-ci veut voir le Roi. Or, voilà que l'auteur du *Livre blanc*, qui est pourtant rarement en panne d'imagination quand il s'agit de protéger la Couronne, n'a pas recours à ce scénario idéal ! Peut-on imaginer qu'un secrétaire habitué à faire flèche de tout bois pour « sauver le Roi », dans l'immédiat après-guerre, en l'occurrence pour nier le rôle déterminant qu'il eut dans l'organisation du rendez-vous en question, ait omis de décocher celle-là, s'il en avait disposé ? Dès lors, de deux choses l'une : ou bien il n'avait pas connaissance de ce « détour bavarois », tout simplement parce qu'il n'a jamais existé, ou bien il a trouvé difficile, voire impossible, d'en administrer la preuve et s'est tourné vers des arguments moins précaires.

2.4. Aux frais de la princesse ?

Ce qui précède nous invite à nous interroger sur la vraisemblance des paroles que le Roi met dans la bouche de Marie José : *Ma sœur me parla immédiatement des refus successifs que j'avais opposés aux invitations répétées de rencontrer Hitler*. Ici encore les mots pèsent de tout leur poids. Souvenons-nous que la Princesse de Piémont rend visite à son frère le Roi des Belges, qui a voulu, contre l'avis de son Gouvernement, partager le sort de son armée et de son peuple, restant prisonnier dans son palais. Vu les circonstances, on conçoit volontiers le réconfort qu'a dû représenter pour lui la présence temporaire de sa sœur à Laeken. En effet, quand on ne s'est plus vu depuis un certain temps, que de choses à se raconter ! Que de questions à poser sur les événements dramatiques des derniers mois : la Campagne des dix-huit jours, la reddition, les discours de Paul Reynaud et Hubert Pierlot à la radio de Paris, l'entrevue avec l'ambassadeur italien G. Paolucci, une autre avec le Cardinal E. Van Roey, la lettre pastorale de ce dernier, la vénération sans bornes qu'en ces jours-là les Belges vouent à leur Roi… Pourtant, Marie José aborde *immédiatement* la question apparemment la plus urgente, qu'en style direct on pourrait rendre ainsi : « Qu'est-ce que j'apprends, tu ne veux pas voir Hitler ? ». Interpellation normale, si on adopte l'hypothèse des deux voyages. Selon celle-ci, la sœur du Roi arrive directement de Bavière et est encore toute retournée de son entrevue avec le Führer. En revanche, si le « détour bavarois » est incertain, voire peu plausible, et s'il faut lui préférer l'hypothèse d'une seule entrevue, celle du 17 octobre qui, elle, est attestée, le mot *immédiatement,* quoiqu'utile dans un plaidoyer *pro domo,* manque singulièrement de vraisemblance.

La suite est également instructive. On connaît la tournure rhétorique qui consiste à laisser à un interlocuteur le soin d'aborder un sujet cadrant bien avec la stratégie discursive qu'on entend développer soi-même. Par exemple, si la vraisemblance de certaines actions ou intentions se trouve contestée par la partie adverse, faites-les constater ou mentionner par d'autres, comme si leur réalité était indiscutable. C'est ce que certains spécialistes de la rhétorique appellent une appellation objectivante ou quasi logique.[17] Elle sera d'autant plus persuasive qu'elle émanera d'un interlocuteur neutre, d'une tierce instance, qui n'a aucun intérêt dans le débat. C'est un rôle similaire que semble jouer ici la princesse Marie José, sous la plume de Léopold III. Or, la question cruciale n'en reste pas moins de savoir combien de *refus successifs* ce dernier *a opposés* à combien d'*invitations répétées de rencontrer Hitler*. Si l'on en croit les sources, une seule invitation d'Hitler est attestée. Par contre, on ne trouve aucun refus de la part du Souverain, puisque la réponse à l'invitation du 31 mai fut un accord de principe conditionné par l'incognito.

Néanmoins, volant au secours du Roi narrateur, un linguiste rigoureux pourrait observer que celui-ci ne parle pas *d'invitations répétées d'Hitler*, mais *d'invitations répétées de rencontrer Hitler*. Autrement dit, par la bouche de sa sœur, Léopold III ferait allusion non pas à des invitations émanant d'Hitler, mais à celles émanant de son entourage qui l'incitaient à rencontrer Hitler. Sous l'angle purement sémantique, cette interprétation n'est pas à rejeter. Serait alors visé le deuxième sens du mot *invitation* (action d'inciter, d'engager à) et la connaissance qu'on a de l'entourage de l'époque rendrait la répétition de ces « invitations » vraisemblable. Une difficulté de taille resterait néanmoins de faire coïncider cette lecture avec le contexte et surtout avec le « chapeau », où il est dit : *le désir d'Hitler de me rencontrer fut éludé pendant des mois*. Ici le doute n'est pas permis : c'est bien Hitler qui désire, la volonté royale de ne pas y répondre a duré des mois, et ce n'est que *finalement* que ce désir a été *admis*. Prendre au sérieux cet abrégé, c'est en déduire qu'il y a eu des *invitations répétées* d'Hitler et des *refus successifs* du Roi.

[17] Voir notamment Chaïm Perelman & Lucie Olbrechts-Tyteca, *Traité de l'argumentation*, Bruxelles 1988, p. 259 et suiv. Gilles-Gaston Granger, *Essai d'une philosophie du style*, vol. III, Paris 1988, et Marianne Doury, *Argumentation. Analyser textes et discours*, Armand Colin, Paris 2016.

Or, tout indique que ce pluriel ne se justifie ni dans un cas, ni dans l'autre.

Une nouvelle importante apportée par la princesse Marie José, toujours sous la plume de Léopold III, est que *le Führer est encore favorablement disposé à l'égard de la Belgique et est prêt à écouter les revendications que tu voudrais lui exprimer pour alléger le sort de tes compatriotes.* Passons sur l'utilisation subtile de la figure rhétorique déjà évoquée : c'est le Roi narrateur qui fait dire à sa sœur, s'adressant à lui, ce que lui-même souhaite entreprendre et dans quel but. En revanche, arrêtons-nous un instant sur le mot *encore.* Même si on estime que Marie José vient de voir Hitler en Bavière, ce qui est peu probable, dans quel sens peut-elle dire que ce dernier est *encore* favorable à la Belgique ? Le choix du mot suppose un double non-dit : d'une part, que le Führer y a été favorable dans le passé et l'est resté jusqu'ici ; d'autre part, qu'il risque de ne plus l'être demain. Et d'abord, l'a-t-il jamais été ? Ce n'est sûrement pas le paragraphe précédent du chapitre qui permet de répondre par l'affirmative, car le Roi narrateur s'y plaint de ce que *la famine menaçait la population, les prisonniers de guerre étaient maintenus en Allemagne*[18] et *l'occupation se faisait de plus en plus pesante.* Comme preuve des « bonnes dispositions » d'un envahisseur, avouons qu'on a vu mieux ! Ajoutons à cela (fait que le Roi narrateur passe sous silence et dont le lien avec des dispositions contraires est pourtant évident) que deux mois plus tôt, Hitler a fait parvenir à Bruxelles les « instructions de juillet », où on lit une méfiance à peine voilée envers le Roi des Belges. Dernière remarque : en lisant attentivement les rapports des deux principales entrevues – dans l'ordre chronologique, celle de Marie José (17 octobre) et celle de Léopold III (19 novembre) – trouve-t-on des indications des « bonnes dispositions » ultérieures du Führer ? Aucunement ! Hormis les politesses verbales, un des rares bénéfices découlant de la première rencontre est l'obtention par la princesse d'un rendez-vous pour son frère le Roi. Quant à la deuxième, les his-

[18] Il eût été plus exact de dire, surtout dans un ouvrage publié quelque soixante ans après les faits, que *des* soldats (ou même *de nombreux* soldats) étaient maintenus en Allemagne, car au moment des faits, la majeure partie des soldats flamands – mais non les francophones – avaient pu regagner leurs foyers.

toriens en jugent les profits de négligeables à inexistants, ajoutant souvent : heureusement pour la Belgique et la monarchie, car quel eut été le sort du pays après la Libération, si sous l'Occupation et grâce à l'intervention du Roi, un régime privilégié lui avait été réservé par le dictateur honni ? C'est à une conclusion analogue qu'aboutit J. Stengers quand il écrit : « Léopold III réussissant à Berchtesgaden, et c'était la rupture officielle du Roi, sur le terrain de la guerre, avec ses ministres de Londres. Hitler, par son refus, a tout sauvé. »[19]

2.5. De l'épouvantail au devoir impérieux

Cependant, on ne doit jamais juger les acteurs de l'histoire, ni leurs actions ou intentions, à la lumière de ce qui est advenu ultérieurement et que nous savons désormais. Écartons dès lors ce qui n'était en septembre 1940 qu'un avenir incertain et posons-nous la question : quel pouvait être le sens des paroles de Marie José, si tant est qu'elle les ait prononcées ? Le plus probable est qu'elle a voulu convaincre son frère qu'il n'était pas trop tard, mais tout de même grand temps, pour intervenir auprès d'Hitler pour améliorer le sort des Belges. Son frère n'avait plus eu de ses nouvelles depuis les « instructions de juillet » lui interdisant de se mêler de politique ? Qu'à cela ne tienne, elle se faisait forte de lui *arranger une rencontre* dans un avenir proche. *Elle s'offrit* donc *à revoir Hitler*. On a vu pourquoi le préfixe du verbe *re-voir* n'est pas convaincant, à moins qu'on songe aux rencontres d'avant-guerre, ce qui ne peut être l'intention du Roi narrateur.

Néanmoins, pourquoi le Souverain a-t-il jugé utile d'ajouter qu'elle le fit *spontanément* ? La question serait oiseuse, voire d'un mauvais esprit, si le mot figurait dans un récit neutre, étranger à toute polémique. Il n'exprimerait alors rien d'autre que son sens habituel, à savoir « de sa propre initiative ». Or, nous savons, et l'auteur ne s'en cache pas, que son récit doit *rétablir la vérité*. Tout mot ajouté ou omis doit dès lors être examiné sur sa valeur argumentative. Aussi l'ajout de *spontanément* doit être projeté sur l'arrière-fond d'un soupçon, qui consiste à douter de l'origine de la

19 Jean Stengers, *op. cit.*, p. 165.

demande d'entrevue introduite chez le Führer. Sans le dire en autant de mots, l'ajout fait comprendre au lecteur : « Contrairement à ce que d'aucuns ont prétendu, je n'étais pour rien dans la préparation de ce rendez-vous. C'est *ma sœur Marie José* qui l'a *arrangé* ! » Il n'en reste pas moins extrêmement difficile, voire impossible, de concilier cette version avec celle de l'intéressée dans l'interview déjà évoquée de *La Libre Belgique* du 13 mars 1973 : « C'était mon frère qui avait insisté pour que j'aille voir Hitler afin de préparer le terrain d'une future rencontre pour lui avec ce fou. ». La princesse ne peut dès lors avoir *arrangé* ce voyage *spontanément* ou de sa seule initiative.

Un commentaire analogue concerne l'incise *sans caractère politique*. Dans le cadre d'un récit justificatif, elle vise à démentir les discours d'au moins deux Premiers ministres, l'un datant d'avant Berchtesgaden, l'autre d'après. Nous avons déjà évoqué le premier, celui d'H. Pierlot à la radio de Paris, le 28 mai 1940, où le Roi fut accusé de traiter avec l'ennemi, pourparlers qui auraient eu un évident *caractère politique*. D'autre part, il y a le discours du Premier ministre Achille Van Acker qui, le 20 juillet 1945 à la Chambre, accusa le Roi d'avoir, lors de son entrevue avec Hitler, fait des concessions *politiques*. Or, ce que propose Marie José à son frère, selon le souvenir de ce dernier, c'est de lui *arranger une rencontre sans caractère politique*. La réaction de son interlocuteur est immédiate et s'achève même sur un bel anti-climax, lui permettant d'aller en quelques phrases, et sans étapes intermédiaires, d'une attitude de *refus* à son extrême opposé, le *devoir* : car *tout bien considéré, je pensai que tel était mon devoir*. D'un caractère moins entier, on aurait pu s'attendre à des atermoiements, au mieux à un retournement progressif. Au contraire, étant *sensible aux arguments* de Marie José, le Roi narrateur bascule du refus obstiné dans la conscience du devoir impérieux. L'effet rhétorique est imparable : à la rigueur, une décision, un arrêt, et à plus forte raison un caprice ou une lubie, seraient discutables, même de la part d'un monarque, mais qui oserait lui faire grief d'avoir accompli ce qu'il considérait comme son *devoir* ?

Toutefois, l'entreprise n'est pas sans risques, et le Roi narrateur dit les avoir *mesurés pleinement*. En quoi consistent-ils ? En ce que le

Führer pourrait lui offrir, ou même lui imposer, *de reprendre l'exercice de (ses) prérogatives constitutionnelles.* Pour juger à leur juste valeur les implications de cet énoncé, il faut distinguer, comme on l'a fait précédemment, deux niveaux d'appréciation. L'un concerne le Roi comme acteur de l'histoire en 1940, l'autre le même comme narrateur quelques décennies plus tard. Au premier niveau, tenant compte des travaux de *nombre d'historiens,* on peut se demander si son diagnostic était réaliste, vu les informations qu'il ne pouvait méconnaître. Rappelons brièvement la situation à l'issue de la Campagne des dix-huit jours. Dans la dernière semaine de mai, sur l'avis de trois conseillers juristes, Léopold III avait tenté d'obtenir d'un ministre en fonction un contreseing sur un arrêté en blanc, grâce auquel il eût pu mettre à pied le Gouvernement en place et nommer un ou plusieurs ministres, voire un nouveau Gouvernement au complet. Comme cette démarche s'avéra un moment clé non seulement dans le procès d'intention que les ministres lui intentèrent à l'époque – à savoir celui de s'apprêter à régner sous l'Occupation –, mais également dans les interprétations divergentes qu'en ont fournies les historiens depuis lors, elle mérite qu'on s'y attarde un instant. On verra qu'elle n'est peut-être pas sans rapport avec la décision ultérieure de rencontrer Hitler en Bavière.

3.

Un précédent instructif

Constatons d'abord que les circonstances de la démarche furent loin de favoriser un choix mûrement réfléchi. J. Vanwelkenhuyzen[20] fait bien de les rappeler : le 26 mai, Léopold III est un roi privé à la fois de ses ministres et de sa Maison civile. Commandant en chef de son armée, il est entouré pour l'essentiel de militaires et s'occupe à plein temps de la bataille. La Campagne l'a exténué, il est harassé de fatigue, il manque de sommeil. En dernier ressort, ayant pris l'avis d'un éminent juriste, il charge Henri De Man de faire le nécessaire pour qu'il puisse, dans le respect de la Constitution et malgré la situation dramatique, nommer un ou plusieurs ministres qui le couvriront lors des décisions importantes à prendre dans l'immédiat, la cessation des combats étant désormais imminente. Plus aucun ministre en exercice ne se trouvant dans les parages, De Man se met en devoir de rédiger un message par lequel il fait demander à l'ambassade de Londres un contreseing d'un ministre, sans que le Souverain ait eu (ou pris ?) le temps de vérifier si les termes employés traduisaient bien sa pensée.

3.1. L'ombre portée du contreseing

Ces détails ont assurément leur importance si l'on veut comprendre l'origine de la démarche et l'émoi qu'elle suscita. Ils confirment, si besoin en était, que bien des tournants de l'histoire ont pour cause d'infimes impondérables. Toutefois, si l'on tient à la

[20] Jean Vanwelkenhuyzen, *op. cit.*, p. 32. L'auteur croit savoir aussi que « dans la suite, il (le Roi) ne cessera de se reprocher de ne pas avoir été plus attentif. » Cette autocritique n'ayant à notre connaissance jamais été exprimée officiellement, ni dans les documents d'après-guerre ni dans *Pour l'Histoire*, peut-on en conclure que l'auteur se base en l'occurrence sur une confidence reçue lors des entretiens qu'il évoque dans la préface de la réédition se son ouvrage ?

circonstance atténuante que le Roi n'a pas eu le temps de contrôler la rédaction exacte du message, on doit aussi se demander quelles parties en auraient *dépassé sa pensée.* Autrement dit, si comme le même historien l'écrit plus loin : « L'erreur du Roi, dans l'affaire du télégramme, a été de ne pas contrôler l'exécution de l'ordre qu'il avait donné à Henri de Man. Il n'a pas vérifié si le message téléphoné à Londres correspondait exactement à sa pensée »[21], quelles auraient été les phrases ou expressions qu'il aurait corrigées, amendées ou remaniées, s'il avait eu tout loisir de s'en occuper ? Lisant et relisant le message[22], on voit bien que son instruction aurait pu se formuler d'une manière plus claire ou plus policée. Mais sur le fond, le Roi aurait-il pu éviter *in fine* d'exprimer la même demande que De Man, à savoir qu'un ministre donnât son accord oral pour que la signature de celui-ci figure sur une feuille blanche destinée à être couverte ensuite par l'arrêté royal visant la démission des ministres en fonction et la nomination d'un ministre nouveau ? Le supposer impliquerait qu'il n'aurait pas donné suite à l'avis du conseiller juridique Raoul Hayoit de Termicourt ; l'avocat général à la Cour de cassation n'avait-il pas conclu que le contreseing ministériel était requis pour toute mesure qui, bien que limitée à la durée de la guerre, pouvait néanmoins engager l'avenir de la Belgique ? Or, la nomination d'un ministre, la révocation d'autres, et jusqu'à la simple acceptation d'une démission ministérielle, relevaient assurément de ce type de mesures. Dès lors, que le Souverain eût préféré des phrases plus claires ou non, une fois les derniers ministres en fonction partis en France ou ailleurs, le respect de cet avis juridique ne rendait-il pas la requête incontournable quant au fond ? Sans doute eût-il pu rester dans le vague quant à l'utilisation qu'il entendait faire de la signature par la suite. Mais on ne voit pas un De Man, malgré l'ascendant indéniable qu'il exerçait encore sur le Roi à cette époque, exprimer d'autorité le sens ultime de la démarche, si ce dernier ne lui avait pas indiqué exactement ce

21 Jean Vanwelkenhuyzen, *op. cit.*, p. 225.

22 Le message, qui figure entre autres à la p.47 de *Pour l'Histoire*, est le suivant : « Le Roi voudrait que Frédéricq obtienne d'un ministre son accord pour que sa signature puisse figurer sur l'acte de démission des ministres actuellement en fonction et la nomination d'un ministre nouveau. L'accord verbal obtenu d'urgence, il y aurait lieu de faire suivre un acte à l'ambassade. »

motif. On peut donc s'interroger sur le sens de l'expression, quand le Roi narrateur estime que De Man a *outrepassé sa pensée.* (p. 47)

Remarquons cependant à quel point des détails infimes – et ceux d'ordre grammatical ne le sont-ils pas *a priori* ? –, peuvent avoir les conséquences les plus graves. Car si le Roi avait contrôlé dans le détail un message d'une telle importance, peut-être se serait-il arrêté à la lettre *s* du pluriel *des ministres* dans le texte rédigé par De Man. Celui-ci avait ensuite chargé le comte Hervé de Grunne de le transmettre par téléphone à l'ambassade de Belgique à Londres. Le diplomate s'exécute et trouve à l'autre bout du fil son collègue Théo de Lantsheere, qui note par écrit ce qu'on lui dicte au téléphone. Étant donné la bande passante de la ligne, la différence phonétique entre *la démission de ministres* et *la démission des ministres* est minimale. Elle l'est au point que le diplomate a peut-être hésité. Or, le télégramme qui part de Londres pour Paris et qui sera lu le soir même devant le Conseil des ministres, est basé sur ce que, en dernier ressort, de Lantsheere a cru entendre au téléphone : *la démission* ***des*** *ministres.* Tant et si bien que, lorsque Louis Frédéricq, destinataire du télégramme, rejoint le Conseil et en communique la teneur, le Premier ministre en conclut que le Roi demande *la démission du Gouvernement.* Décidément, durant ces journées décisives, le sort semble s'être acharné sur les uns et les autres pour que les malentendus s'accumulent. Il n'empêche que malgré la friture sur la ligne, l'interprétation de Pierlot correspondait bien à l'intention de De Man. Et sans doute aussi à celle du Souverain, sauf à supposer que la confusion téléphonique entre Bruges et Londres ne fut que la répétition de celle entre Léopold III et De Man. D'ailleurs, s'il faut en croire un souvenir de R. Capelle, qui le date du 29 juin, le Roi confirma plus tard qu'il avait bel et bien souhaité obtenir la démission du Gouvernement.[23]

Au-delà des effets à court terme qu'aurait ce message par la suite, et dont l'interprétation par les ministres eût difficilement pu être différente de celle que l'on sait – Camille Gutt ira jusqu'à évoquer la métaphore du couvercle tombant sur le corbillard –, on peut s'interroger sur son rôle dans l'analyse que les historiens ont

[23] « Note en défense de H. De Man », cité par les *Actes parlementaires,* 24 juillet 1945, p. 569.

faite de l'événement. Ceux-ci se répartissent *grosso modo* en deux camps, selon qu'ils y ont vu soit une tentative provisoire pour se sortir d'un mauvais pas en attendant que l'horizon se dégage, soit une mesure à plus long terme permettant au Souverain de régner sous l'Occupation avec l'aval de l'occupant et le concours d'un Gouvernement à sa dévotion. En faveur de la première hypothèse plaide le fait que le message énonce comme but ultime la nomination d'un nouveau ministre, l'article indéfini faisant en l'occurrence office de nombre cardinal : un et un seul. En effet, le remplacement d'un Gouvernement entier par un seul ministre se conçoit difficilement comme une décision visant le long terme ; il fait plutôt penser à une mesure transitoire ou conservatoire propre à dégager une solution urgente sans violer la Constitution. Toutefois, la lecture du message s'infléchit quelque peu quand on apprend par les Mémoires de De Man qu'on avait d'ores et déjà convenu de nommer non pas un, mais trois ministres.[24] On connaît d'ailleurs leur identité : le juriste R. Hayoit de Termicourt déjà nommé, le général A. Tilkens, chef de la Maison militaire du Roi, et H. De Man lui-même. Ce dernier aurait-il finalement été, dans la rédaction du message, plus subtil ou diplomate que ne le suggéra plus tard le Roi ? Sa restriction mentale en tout cas permet de le penser. Cependant, qu'il se fût agi de la nomination d'un ministre ou de trois, on restait toujours dans la perspective d'une solution intérimaire pour les besoins immédiats, comme prévue par l'avis juridique d'Hayoit. En outre, personne n'était encore en mesure de prévoir l'attitude des Allemands après la cessation des hostilités et les changements institutionnels qui pouvaient s'ensuivre.

3.2. L'épure d'une politique à plus long terme ?

La lecture change du tout au tout quand on chausse les lunettes des autres historiens (qui furent aussi celles des ministres concernés), et qu'on prend comme noyau dur du message le bout de phrase concernant *la démission des ministres en fonction*. Si tant

24 Henri De Man, *Cavalier seul ; quarante-cinq ans de socialisme européen*, Genève 1948, p. 239.

est qu'il fallût un contreseing ministériel pour nommer un ou plusieurs nouveaux ministres (il semble que non, mais Hayoit, et Léopold III à sa suite, semblaient l'ignorer[25]), cette nomination impliquait-elle aussi la révocation des ministres en fonction ? On comprend mieux la réaction de ceux-ci – et des historiens qui la partagent –, en mettant l'incise en rapport avec certaines paroles entendues à Wynendaele et qui sont reprises dans *Pour l'Histoire*, même si le Roi narrateur les profile sur l'arrière-fond d'une tension et d'une précipitation l'empêchant de donner des avis mûrement réfléchis. Puisqu'on entre là dans le domaine des ressorts psychologiques d'une action, notons que le recours à l'argument de la fatigue, de l'heure matinale – *les ministres me prennent au débotté*, écrit le Roi (p. 42) –, voire de l'avalanche de questions posées à brûle-pourpoint, constitue une arme rhétorique à double tranchant. En effet, si l'épuisement extrême peut certes donner lieu à des réactions inconsidérées qu'on regrettera ensuite, il peut tout aussi bien avoir pour effet que le locuteur donne libre cours à des sentiments, voire au fond de sa pensée que, frais et dispos, il eût gardé pour lui. Quoi qu'il en soit, à Wynendaele, à la question : « Le Roi aura-t-il un Gouvernement à ses côtés ? », celui-ci avait répondu : *Évidemment oui, car je ne suis pas un dictateur.* Et à la question : « Le Gouvernement actuel qui poursuit la guerre continuera-t-il à être le Gouvernement du Roi ? », le même avait répondu : *Non, car ce Gouvernement sera nécessairement contre moi.* À comparer les deux réponses, on a peine à décider laquelle reflète le mieux les intentions du Souverain, tant elles constituent les deux versants d'une même attitude, dont on trouve d'ailleurs la trace dans le message de De Man. On pourrait la paraphraser par la consigne : « Oui à un nouveau Gouvernement, non à l'actuel ! » Encore la question décisive, celle qui eût peut-être permis de couper court aux spéculations comme aux procès d'intention, ne fut-elle posée ni par Pierlot ni par Spaak : « Combien de temps ce nouveau Gouvernement restera-t-il en place et quelle politique mènera-t-il ? » Question qui serait sans doute restée sans réponse, tout

25 C'est l'avis de Jean Stengers, *op. cit.*, p. 46-47, qui invoque une doctrine approuvée et enseignée dans les *Pandectes* et les *Novelles*, mais qu'un juriste aussi éminent que Hayoit de Termicourt peut avoir perdues de vue, privé qu'il était en pleine débâcle d'une documentation suffisante.

simplement parce qu'étant donné la débâcle et les conséquences qu'elle risquait d'entraîner, personne n'était encore capable de trancher entre le court, le moyen et le long terme. Certes, les mémoires de De Man évoquent un « Gouvernement de capitulation et de démilitarisation », ce qui semble exclure le spectre qui obsède les ministres, à savoir l'intention du Roi de régner sous l'Occupation, épaulé par un autre Gouvernement, même réduit au strict minimum. Toutefois, l'allusion du Souverain au Gouvernement actuel qui, s'il continue la guerre, *sera nécessairement contre moi,* les a remplis d'abord d'un désarroi certain, ensuite d'une méfiance qui ira croissant dans les jours et semaines à venir. Considérant en effet qu'une capitulation est désormais inévitable, que le Roi a voulu délibérément et contre leur avis se livrer à l'ennemi ; considérant ensuite qu'il n'a réussi à retenir auprès de lui aucun des quatre ministres (pour éviter le recours au contreseing, la présence d'un seul aurait suffi et vu les affinités ou le contexte militaire, P.-H. Spaak ou le général H. Denis aurait pu être celui-là) ; attendu enfin qu'il se met désormais en quête d'une signature ministérielle pour pouvoir révoquer les ministres du Gouvernement en fonction et pour en nommer un nouveau, ils ont beau tourner et retourner ces éléments dans l'ordre ou dans le désordre, ils n'arrivent pas à se déprendre d'un syllogisme envoûtant qui les pousse à la conclusion : le Roi entend mener une politique à plus long terme qui est diamétralement opposée à la nôtre.

3.3. Du contreseing à la carte blanche ?

En quoi cet épisode déconcertant peut-il apporter un éclairage sur le futur entretien de Berchtesgaden ? En ce qu'il en constitue la lointaine ébauche, voire la préfiguration, même si paradoxalement il en est aussi le calque négatif, si l'on tient compte du paysage contrasté sur lequel les deux événements se profilent. Commençons par rappeler les traits qui les opposent. D'abord, autant la démarche de mai s'inscrit dans l'improvisation dictée par l'urgence, autant celle de novembre s'avère préparée de longue main, résultant de plusieurs demandes de rendez-vous et de conciliabules à foison. Ensuite, si en mai le Roi en arrive à ce dernier recours – pour ne pas dire à cette « extrémité » –, c'est qu'il suit l'avis de son conseiller juridique qui a considéré ce moyen, compte tenu de la force majeure, comme le seul garantissant le respect de l'article 64 de la Constitution. En novembre au contraire, le Souverain passera outre aux avis d'autres conseillers, qui l'ont mis en garde contre les risques politiques de son projet. Notons aussi – ce qui illustre encore mieux le contraste entre les deux contextes –, que le 26 mai, Léopold III est encore Roi régnant et Commandant en chef de l'armée et que, jusqu'à Wynendaele, la veille de l'épisode du contreseing, il a eu pour ainsi dire « sous la main » quatre ministres de son Gouvernement. Alors qu'en novembre, il ne sera plus qu'un roi prisonnier, chef d'une armée en captivité, avec un Gouvernement au loin qui a décidé, comme Pierlot en avait exprimé l'intention dans la question rappelée ci-dessus, de « poursuivre la guerre » et dont le Roi avait estimé en mai qu'il serait *nécessairement contre lui*. Pour compléter ce tableau en clair-obscur, observons enfin qu'en mai, il se devait encore d'agir en Souverain, alors qu'en novembre, il était réduit à l'inaction forcée par deux empêchements conjugués : à son statut de prisonnier s'étaient ajoutées les « instructions de juillet » déjà évoquées et dont nous reparlerons, instructions par lesquelles Hitler lui interdisait strictement toute initiative politique.

Ces contrastes étant rappelés, en quoi peut-on estimer que la décision de mai fut une ébauche de celle de novembre ? En ce que, nonobstant ces différences tranchées, un même dessein se lit en filigrane dans l'une et l'autre démarches de Léopold III, celui de reprendre la main dans une partie où la donne lui a été défavorable. Celui aussi de renverser la vapeur, fût-ce en se séparant du Gouvernement qui a choisi la voie opposée, voire en le marginalisant, en lui barrant désormais l'accès à des niveaux de décision où se prépare – du moins l'espère-t-il –, le destin d'une nouvelle Europe, dans laquelle la Belgique aurait recouvré (une part de) son indépendance et sa neutralité. Ayant en mémoire le spectre du régime parlementaire d'avant-guerre, il aura tenté, dans un cas comme dans l'autre, d'avoir les coudées franches, tantôt en utilisant un avis juridique sollicité, tantôt en en négligeant d'autres, sous prétexte que l'entretien avec Hitler n'aurait pas *un caractère politique*. Pourtant, même si on ne retient que le premier avis, celui de R. Hayoit de Termicourt, l'inconséquence est manifeste. Car si en mai le contreseing ministériel était jugé obligatoire « pour toute mesure qui engage l'avenir de la Belgique », ne l'était-il pas davantage encore en novembre pour une démarche visant à obtenir du Führer des assurances quant à *l'indépendance nationale et l'intégrité du territoire* ? En forçant quelque peu le trait, on pourrait conclure que si en mai, le Roi comptait « obtenir un contreseing » de ses ministres pour pouvoir exercer un de ses pouvoirs constitutionnels, en novembre il espérait « obtenir carte blanche », malgré le fait qu'il se trouvait réduit à l'inaction forcée à la fois par la captivité et par l'article 82 de la Constitution tel qu'interprété par son Gouvernement. La première tentative était sans doute motivée par le besoin de parer au plus pressé, avec l'improvisation qu'il entraîne. Quant à la deuxième, elle relevait davantage de la persévérance, pour ne pas dire de l'obstination. Car remettre sur le métier son ouvrage six mois plus tard, alors que la situation s'était nettement détériorée, au point qu'il eût fallu désormais contourner de multiples obstacles juridiques et diplomatiques pour en assurer le succès, n'était-ce pas laisser deviner les préparatifs d'une politique à plus long terme ? C'est en tout cas le genre de procès d'intention que lui feraient désormais les ministres londoniens.

4.

Destination danger

Aucun ministre en titre ne s'étant prêté à la procédure du contreseing, il ne restait au Roi qu'à subir les effets de la captivité, découlant de la capitulation et de l'Occupation qui devait s'ensuivre. Or, nombre d'historiens se demandent si dans les deux mois suivants, le Souverain s'est vraiment abstenu d'une quelconque action politique.[26] Sur ce point, une note de la main du Roi datée du 1er juin, publiée et commentée par J. Vanwelkenhuyzen,[27] permet de cerner ses convictions au tout début de sa captivité. Évoquant les accusations du « Gouvernement de Poitiers », le Souverain écrit que les événements prouveront qu'elles sont fausses « à la condition fondamentale que jusqu'au moment de la paix généralisée, je ne sois pas obligé de poser d'acte politique. » Pour apprécier à sa juste valeur cette partie de la note, il faut la décoder tout à la fois en ce qu'elle exprime ouvertement, en ce qu'elle suggère indirectement et en ce qu'elle induit tacitement. Ouvertement : l'avenir prouvera que ces accusations sont fausses si, comme je l'espère, cette condition fondamentale se réalise. Indirectement : si elle ne se réalise pas, ce que je n'ose imaginer – autrement dit, si je suis malgré tout obligé de poser des actes politiques avant la paix généralisée –, la fausseté des accusations ne sera pas établie, voire le bien-fondé en sera avéré. Tacitement : je me limite à envisager le cas où ces

[26] Ainsi Jean Stengers, *op. cit.*, p. 68 : « Il est d'autant plus facile d'imaginer ce qu'aurait pu être une action politique éventuelle du Roi "régnant", que l'on sait combien, en ne régnant pas, il a agi tout de même. »

[27] Jean Vanwelkenhuyzen, *op. cit.*, p. 203-204.

actes me seraient imposés par l'occupant, négligeant l'éventualité où mon entourage (et à la rigueur moi-même) en prendrions l'initiative.

4.1. Un roi tout sauf fainéant ?

Il est dès lors intéressant de s'interroger sur ce que les historiens ont constaté à cet égard en faisant parler les sources. Tous s'accordent à dire qu'à cette époque la popularité de Léopold III parmi les Belges était à son zénith. Nombreux sont également ceux qui notent, dans l'entourage royal, des incitations ou instigations tendant à profiter de la conjoncture favorable pour créer qui un « ordre nouveau », qui une nouvelle Constitution, qui un exécutif renforcé sous la conduite du Souverain.[28] Un mois plus tard, celui-ci confie à son secrétaire particulier R. Capelle, qui date le propos du 2 juillet : « Je comprends parfaitement que je ne puisse agir comme avant le 10 mai. Mais n'y a-t-il pas quelques provinces du pays qui pourraient être soustraites au régime militaire et dans lesquelles je régnerais ? ».[29] Certains historiens[30] relient cette information à celle figurant dans les carnets de Joseph Goebbels, ministre de la Propagande du Reich, qui note : « Il (le Roi) voudrait régner sur une petite partie de la Belgique. Mais on l'a remis à sa place. » De ces trois éléments factuels – une immense popularité, un entourage pressant le Roi à agir, et surtout sa propre inclination, peut-être passagère –, beaucoup croient pouvoir déduire que, plutôt de craindre l'obligation de reprendre ses pouvoirs constitutionnels, il le souhaitait intimement, ne fût-ce que dans le but d'assurer à la Belgique occupée un sort plus clément. Dès lors se pose la question : que s'est-il passé entre juillet et octobre

[28] À notre connaissance, on trouve l'analyse la plus détaillée de ces initiatives et de leurs implications dans l'ouvrage de Jan Velaers & Herman Van Goethem, *op. cit.*, p. 333 et suiv.

[29] CEGES, Papiers Capelle, 24, n° 2, p. 68.

[30] Ainsi Jan Velaers & Herman Van Goethem, « En Belgique sous l'Occupation », dans Michel Dumoulin *& al.* (éd.), *op. cit.*, p. 152 et à leur suite Serge Moureaux, *Léopold III, la tentation totalitaire*, Luc Pire, Bruxelles, 2002, p. 94. L'information de Goebbels semble confirmer celle de R. Capelle.

pour qu'une perspective apparemment souhaitée se change sous sa plume en risque majeur ?

À ce propos, on peut au moins rappeler un facteur important évoqué précédemment. Dans le courant du même mois de juillet, Hitler avait envoyé à Bruxelles des « instructions », en particulier celle du 20, interdisant au Roi toute activité politique. A.von Falkenhausen avait transmis la consigne au Palais et l'avait encore dûment rappelée dans l'entretien qu'il eut avec le Roi le 29 juin. À tort ou à raison, le Führer semble avoir été informé que, malgré son statut de prisonnier, Léopold III prenait ou préparait des initiatives politiques. Or, ce sec rappel à l'ordre allait-il dans le sens de ce que, trois mois plus tard, le Roi percevait comme étant un risque majeur de son entrevue avec le dictateur allemand, à savoir de se voir offrir ou imposer *l'exercice de ses prérogatives constitutionnelles* ? L'observateur neutre dira sans hésiter : bien au contraire. Non pas que l'entrevue projetée ne comportât d'énormes dangers, le plus important étant qu'en essayant d'obtenir avantages ou concessions, le Roi ne fît implicitement allégeance au Führer et que son pays ne se coupât ainsi du camp des Alliés. Or, ce n'est pas ce danger que le Roi semble craindre au premier chef. Il redoute avant tout l'intention d'Hitler de le remettre sur le Trône. Pourtant, ni dans les préparatifs de l'entrevue – qu'on songe aux réponses d'Hitler aux questions de la princesse Marie José –, ni dans les rapports qui en furent dressés – tant le compte rendu du Roi que celui de l'interprète Schmidt, sur lesquels nous reviendrons –, on ne décèle le moindre indice de cette intention. La peur aurait-elle été en l'occurrence mauvaise conseillère, incitant le Roi à surestimer sur ce point la « Realpolitik » de son futur interlocuteur et à oublier la contradiction, pourtant flagrante, entre le danger supposé et les « instructions de juillet » dont il avait été informé ?[31] Car répétons-le, pour qu'un Hitler, tatillon sur la moindre velléité politique du Roi, devienne trois mois plus tard un Hitler qui *risque*

[31] Il est vrai que l'auteur de *Pour l'Histoire* n'a pas considéré les « instructions de juillet » comme un *épisode* important de son règne, alors que ses rapports avec le général A. von Falkenhausen, en particulier l'entretien qu'il eut avec celui-ci le 29 juillet, permettent de penser qu'il en fut informé en temps utile. Le *Livre blanc* et le rapport de la *Commission Servais* ne sont guère plus diserts sur ce point.

de lui offrir ou de lui imposer de redevenir roi, il faut ou bien qu'un événement important ait causé ce revirement, ou bien que le Roi ait disposé d'une information essentielle motivant son appréhension. Cette dernière possibilité n'est pas à écarter sachant que, dans l'entrevue du 29 juillet avec A.von Falkenhausen, ce dernier l'avait certes poliment sommé de se tenir politiquement coi, selon les instructions venues de Berlin, mais lui avait également dit que le Führer « aurait encore besoin de lui après la guerre » ; entendons : après la fin des hostilités.[32] Un autre renseignement semble indiquer une possibilité similaire. Lors de la préparation de la rencontre de Berchtesgaden à Berlin, l'ancien ambassadeur belge, le comte Jacques Davignon, avait appris de deux collègues allemands qu'Hitler voulait « rendre sa liberté au Roi ». Dans son *Journal*, le général R. Van Overstraeten, conseiller militaire du Roi, se fait l'écho de ce bruit et ajoute que la perspective inquiète le Roi.[33] On le comprend volontiers, car quel peut être le statut d'un roi qui n'est plus prisonnier, mais dans un pays qui n'en continue pas moins d'être occupé ? À ce propos, une dernière considération vient à l'esprit basée sur le rapport Schmidt : vers la fin de l'entretien de Berchtesgaden, Hitler félicita le Roi de sa décision courageuse d'être resté avec son armée. Comparant cette attitude à celle de la reine de Hollande et du roi de Norvège, qui avaient préféré tous deux se réfugier à Londres, il promit que jamais ces derniers ne remonteraient sur le Trône. Faut-il déduire de ce rapprochement par contraste que l'idée de « rendre sa liberté » à Léopold III – le roi qui, à l'inverse des souverains cités, avait à son avis fait preuve de courage –, a tout de même trotté dans la tête du Führer ?

4.2. Des risques réels, prétendus ou imaginaires ?

Quoi qu'il en soit, en préparant l'entrevue, le Roi se devait de ne négliger aucun cas de figure ou, comme il l'écrit, d'envisager *toutes les hypothèses, aussi cruelles fussent-elles.* Cependant, étant donné l'information dont il disposait, son analyse était-elle réa-

[32] Voir Jan Velaers & Herman Van Goethem, *op. cit.*, p. 416, qui citent le rapport de l'entrevue par A.von Falkenhausen.

[33] Raoul Van Overstraeten, *Sous le joug ; Léopold III prisonier*, p. 239.

liste ? Il existe au moins un indice permettant de conclure qu'en octobre, Léopold III se trouvait encore dans les mêmes dispositions qu'au moment de prendre connaissance des « instructions de juillet », autrement dit, qu'il présumait dans le chef d'Hitler la volonté, non pas de voir le Roi des Belges à nouveau *exercer ses prérogatives,* mais au contraire de le voir s'abstenir de toute action politique. Pour repérer cet indice, il faut revenir aux paroles que Marie José adressa à son hôte, le 17 octobre, et qui furent à l'évidence préparées à Laeken. Au moment où, en Bavière, le souhait fut formulé de part et d'autre d'une entrevue prochaine avec le Roi, la princesse dit au Führer que, depuis la fin mai, son frère s'était abstenu de toute action politique, en particulier, qu'il n'était pour rien dans les décisions concernant le Congo belge. La question n'est pas ici de savoir si ces paroles étaient conformes à la vérité ; elles ne l'étaient certainement pas pour Hitler, sans quoi il n'aurait pas envoyé des instructions aussi comminatoires en juillet. D'où notre étonnement devant sa réaction : quand la princesse évoque l'inactivité politique de son frère, Hitler répond, à la fois selon le rapport de l'interprète Schmidt et le compte rendu autographe du Roi, qu'il n'en doute pas un instant : *Ich weiss es genau ! (Je le sais parfaitement).* Parle-t-il sérieusement ou s'agit-il d'une galanterie envers « l'unique femme sympathique de la Cour d'Italie » ? Pis, aurait-il lui-même perdu de vue ses « instructions de juillet » ? D'ailleurs, si telle avait été sa conviction, pourquoi un mois plus tard, le 19 novembre, jugera-t-il encore nécessaire d'enjoindre au Roi de s'abstenir de toute action politique ?

Cependant, plutôt que de s'interroger sur la véracité des propos de Marie José, demandons-nous quelle en était la « pente argumentative ». Était-ce une sorte de *captatio benevolentiæ,* de quête de bienveillance, suggérant en somme : « Depuis la capitulation, obéissant à vos instructions, mon frère s'est abstenu de toute action politique ; il mériterait donc une récompense sous forme de rendez-vous » ? Ou était-ce la pente inverse, un peu tortueuse certes, mais pas invraisemblable étant donné le contexte diplomatique délicat : « Comme mon frère est resté politiquement inactif depuis des mois, il ne serait pas bon qu'il soit tout d'un coup remis en selle » ? Tenant compte de l'ensemble des renseignements dont on dispose, en particulier de la confidence déjà évoquée à son secrétaire R. Capelle – selon laquelle le Roi aspirait encore début juillet à l'exercice d'un pouvoir limité, comparable à celui de Pétain en France –, c'est la première qui mérite la préférence. En tout cas, cette intervention semble indiquer qu'en préparant l'entrevue de Marie José, le Roi n'avait pas perdu de vue les « instructions de juillet » et qu'il prêtait toujours à Hitler la volonté de lui interdire toute action politique. Or, cette volonté était en contradiction avec le prétendu *risque* ou *danger* de se voir imposer *l'exercice de ses prérogatives*. Dans son propre rapport de l'entretien du 19 novembre, le Roi se souvient qu'à la fin, Hitler lui confia que *aussi longtemps que je serais son prisonnier, je devais m'abstenir de toute activité politique.* Et il ajoute : *Ces paroles, de la bouche d'Hitler, m'apportaient un profond soulagement.* En effet, ce *soulagement* cadre parfaitement avec le risque évoqué par le Roi, celui de devoir reprendre son mandat. Pourtant, il n'est vraisemblable ou concevable qu'en supposant que celui-ci avait oublié à la fois les « instructions de juillet » et la réponse faite par le Führer à sa sœur un mois plus tôt, à savoir qu'il était parfaitement au courant ou convaincu de l'inactivité politique du Roi. La réaction à laquelle on aurait pu s'attendre n'était donc pas celle du *soulagement,* mais une réflexion du genre : pourquoi Hitler me rappelle-t-il cette interdiction aujourd'hui, puisqu'il y a un mois, il se disait déjà parfaitement convaincu que je la respectais ?

Or, il restait encore une deuxième question. Car même si l'analyse faite par le Roi acteur politique en 1940 avait été réaliste, peut-on dire pour autant que le récit que nous lisons en 2001 sous la plume du Roi narrateur est cohérent avec elle ? Pour y répondre, il faut se souvenir que la fonction rhétorique du récit est celle de *rétablir la vérité*. Or, depuis les controverses de l'après-guerre qui ont culminé dans la Question royale, des versions ont circulé prêtant au Roi de 1940 l'intention de régner sous l'Occupation, avec un nouveau Gouvernement, intention qui n'aurait à l'évidence pu se réaliser qu'avec l'aval d'Hitler. L'épisode du contreseing évoqué précédemment était souvent l'argument massue de ce procès. Le Roi narrateur, qui s'insurge rétrospectivement contre de telles allégations, entend les combattre tantôt en niant certains faits, tantôt en les présentant sous un jour différent. Dans la perspective apologétique qui est la sienne, il est d'un intérêt capital, d'abord, qu'il n'ait pas pris l'initiative de l'entrevue avec Hitler ; ensuite, que s'il en a *finalement admis* l'idée en octobre, ce fut en écartant d'emblée le souhait de *reprendre ses prérogatives constitutionnelles,* considérant même cette éventualité comme le premier des *dangers.* Se dégage ainsi une charpente rhétorique faite d'arguments qui s'enchâssent comme des poupées russes et dont chacun pourrait commencer par la subordonnée : *contrairement à ce qu'on a prétendu.* Dans l'ordre, ce sont les suivants : (i) le Roi a longtemps *refusé les invitations* d'Hitler ; (ii) c'est son entourage qui le lui a fait *finalement admettre* en octobre ; (iii) il n'est pour rien dans la préparation de l'entrevue, c'est sa sœur qui l'a *arrangée* ; (iv) après l'avoir longtemps *refusée,* le Roi a fini par la considérer comme un *devoir* ; (v) un *devoir* tout de même *dangereux,* car au lieu d'aspirer à remonter sur le Trône, il redoutait qu'à cette occasion le Führer l'y invite ou l'y oblige.

4.3. Des conseillers patriotes ?

À partir du moment où le principe en est *admis,* où l'ancien objet du *refus* est devenu un *devoir,* voire une démarche *d'une importance considérable,* il s'impose de la préparer en conséquence. Le Roi narrateur évoque cette préparation ainsi : *aussi m'entourai-je des avis de mes conseillers, dont le patriotisme ne pouvait être mis en doute.*[34] Voici une fois de plus un énoncé dont certains mots appellent un examen, non pas de leur signification habituelle, mais de leur portée argumentative. Pour un Roi qui se trouve dans l'obligation de préparer une rencontre aussi risquée, il est d'une sagesse élémentaire de solliciter l'avis de ses conseillers. Pour autant, est-il besoin d'ajouter que ceux-ci étaient des *patriotes* au-dessus de tout soupçon ? Aux yeux du Souverain, qui est par définition le premier des patriotes, ne va-t-il pas de soi que ses conseillers partagent cette vertu ? N'est-ce pas là une conséquence de la maxime ancienne se-

[34] On notera au passage que l'évaluation élogieuse des conseillers est comme l'écho d'énoncés antérieurs, sur les membres de son cabinet, *dont le patriotisme et l'esprit de liberté ne pouvaient être mis en cause* (p. 60), sur le baron P.van Zuylen *dont le patriotisme n'a jamais (été) et ne sera du reste jamais discuté* (p. 67) ou encore sur *d'aucuns* qui étaient *animés par les meilleures intentions* (p. 69).

lon laquelle « la femme de César ne doit pas être soupçonnée » ? Une fois de plus, cet ajout serait anodin dans un récit neutre, mais il pèse de tout son poids lorsqu'on le projette sur l'arrière-fond d'un paysage d'après-guerre, où pointe parmi les premières conditions mises au retour du Roi, l'épuration de son « entourage ». Cela ne concernait plus H. De Man, dont l'influence sur le Roi avait sans doute été déterminante en 1940, mais qui s'était retiré en Suisse à la fin de la guerre.[35] Quant aux autres, on leur reprochait diverses actions et omissions sous l'Occupation, qu'on qualifiait au mieux de défaitisme, au pis de collaboration. Était spécialement pointé du doigt le secrétaire particulier du Roi, le comte R. Capelle, à qui on tenait rigueur d'avoir eu des accointances suivies avec la presse dite « collaborationniste ». Sans entrer dans les détails, on peut dire que le principal chef d'accusation contre certains conseillers du Roi se résumait ainsi : ils n'avaient pas eu un comportement de patriotes, ils n'avaient pas fait preuve de *patriotisme*. Certains observateurs bien introduits en avaient d'ailleurs fait la remarque *in tempore non suspecto*. C'est ainsi que P. Struye note dans son *Journal* le 4 octobre 1940 : « Visiblement, le Palais continue à miser sur l'Allemagne. Ai souligné la gravité du divorce qui pourrait s'établir entre Roi et population, si l'un continue à miser sur l'Allemagne, tandis que l'autre devient de plus en plus nettement anglophile. » Et à la page suivante, le même renchérit : « Pénible de constater que dans nos milieux du palais (Frédériq, Van den Heuvel, Van Caubergh), on semble éprouver plus de sympathie pour les capitulards de Vichy que contre (sic !) de Gaulle et ceux qui veulent se battre. »[36] À l'inverse de cette observation contemporaine, le Roi narrateur se plaît à rappeler après coup qu'en 1940, *leur patriotisme ne pouvait être mis en doute*. On imagine difficilement des appréciations plus contrastées.

Ces conseillers *l'aidèrent donc à mettre au point une plaidoirie*. Ce dernier mot n'a de sens que si le Roi percevait la rencontre

[35] Voir à ce propos Henri De Man, *Le dossier Léopold III*, (présenté par Michel Brélaz) Éditions des Antipodes, Genève, 1989, p. 327-328.

[36] Paul Struye, *Journal de guerre 1940-1945*, présenté par Thierry Grosbois, Racine, Bruxelles 2004, p. 141-142. Malgré la tournure syntaxique défectueuse dans la dernière phrase, le sens visé est clair : au Palais on a plus de sympathie pour Vichy que pour la France Libre.

comme l'occasion d'obtenir d'Hitler certains avantages ou concessions. C'est entre autres pour cela qu'à ses yeux, elle avait *une importance considérable*. Or, plaider, c'est faire valoir des arguments de fait, de droit ou d'intention en faveur d'une cause ou en défaveur de son contraire. Quelle était en l'occurrence la cause du Roi ? Les rapports de l'entrevue sont explicites à ce sujet. Malgré les divergences entre celui de l'interprète Schmidt et celui du Roi narrateur, les deux s'accordent sur les principaux dossiers plaidés par le Souverain. Ce sont, dans l'ordre où celui-ci les mentionne : *la situation du ravitaillement, celle des prisonniers, les charges financières d'occupation, l'ingérence allemande dans l'économie nationale, les menées visant à saper la cohésion du pays et finalement le départ des missions diplomatiques accréditées à Bruxelles, qui faisait planer un doute sur l'indépendance future de la Belgique*. Avant même de se demander si cet ordre du jour est complet, et sinon pourquoi, on aurait quelque scrupule à soutenir qu'il était conforme à l'esprit, et même à la lettre, d'une entrevue réputée *sans caractère politique*. Gageons même que si aucun de ces points n'avait eu la moindre incidence *politique*, Hitler ne les aurait pas si habilement éludés ou, pour certains d'entre eux, ne leur aurait pas opposé une fin de non-recevoir aussi sèche.

Or, cette liste est-elle complète ? À première vue, il y manque la création d'un Conseil (ou Directoire) économique belge capable de coordonner les efforts jusque là dispersés, pour pallier les difficultés d'approvisionnement. Toutefois, on peut estimer qu'il est visé par la phrase sur *l'ingérence allemande dans l'économie nationale* et qu'il est bel et bien repris dans le rapport du Souverain. Il manque la création d'une modeste armée de quelque 10 000 à 15 000 hommes, munis uniquement de fusils, et qui, une fois la paix rétablie, aurait pu utilement se mettre à la disposition du Gouvernement pour le maintien de l'ordre. Quoi qu'il en soit de cet oubli et d'autres, le Roi narrateur estime que l'ordre du jour qu'il préparait avec ses conseillers comportait *les points essentiels qu'il (lui) appartenait de défendre*. En bonne logique, on est fondé à conclure qu'à son avis, les omissions concernaient des points secondaires. Peut-on se demander : vraiment secondaires ou d'une portée politique trop évidente ? Car soumettre au chef de la puissance d'Occupation la création d'une armée, fût-elle modeste, n'est-ce pas là une démarche politique ? Notons que le mot *essentiel* revient aussi quelques lignes plus loin pour qualifier la question de *l'indépendance nationale,* laquelle constitue également pour le Roi narrateur *un préalable essentiel.* Et en effet, même si la liste du Roi ne présentait aucune lacune, elle n'en serait pas moins dominée par une question si possible encore plus *essentielle,* et dont on se demande par quel raisonnement il pouvait la considérer comme étant *sans caractère politique* : *l'indépendance nationale.*

Devinant la perplexité du lecteur, le Roi narrateur fait valoir *son serment d'investiture,* par lequel il avait juré *de maintenir l'indépendance nationale et l'intégrité du territoire.* Sans doute peu versé dans le droit constitutionnel, mais tout de même doué d'un minimum de bon sens, le lecteur sera enclin à penser : pendant la Campagne des dix-huit jours, le Roi avait tout fait pour maintenir l'une et l'autre, mais il avait échoué. Le résultat de l'échec était pour le pays l'Occupation, avec son cortège de misères, et pour le Roi, la captivité et l'impossibilité de régner « du fait de l'ennemi », selon l'avis du Gouvernement. Or, à l'impossible nul n'est tenu. Pourquoi prétendre accomplir une tâche que son statut de prisonnier interdisait ? Pourquoi promettre ce que d'évidence l'on est empêché de tenir ? Comment même en avoir sérieusement l'intention ? Le Roi narrateur a prévu l'objection – en fait, on la lui a serinée sous diverses formes tout au long de la Question royale – et il y pare avec un principe aussi noble que désarmant, en écrivant : *ma situation de prisonnier de guerre ne me déliait en rien de ce serment.* La noblesse du propos allant de soi, pourquoi le qualifier de désarmant ? Parce que, comme le dirait encore le lecteur, si le Souverain voulait prendre au sérieux ce serment, il lui appartenait de se mettre en situation de l'appliquer. C'eût été le cas si, au lieu de se constituer prisonnier, il avait suivi l'exemple de la reine de Hollande et du roi de Norvège, en se réfugiant dans l'autre camp, comme les ministres l'en avaient supplié à Wynendaele. Vouloir rester en Belgique à l'instar du Roi Chevalier, son auguste père, pour partager le sort de son armée et de son peuple, était une idée noble et généreuse, certes, qui lui avait valu une popularité sans précédent pendant des mois. Mais c'était aussi se mettre dans une situation où le vœu de *maintenir l'indépendance nationale et l'intégrité du territoire* se réduisait à une prétention peu réaliste, une ambition vaine ou, pour tout dire, un vœu pieux. Autant imaginer un détenu derrière de solides barreaux, qui prétendrait faire pression sur son geôlier, pour que celui-ci soit aux petits soins avec sa parentèle, elle aussi sous les verrous. L'attention serait à coup sûr délicate, mais combien peu efficace !

Concernant l'intention généreuse et courageuse, fréquemment rappelée par l'auteur de *Pour l'Histoire,* de « partager le sort de son armée », un lecteur épris de logique pourrait noter que si le Roi voulait connaître les mêmes conditions que ses officiers et soldats détenus en Allemagne, il lui appartenait de les suivre en captivité. Dans son *Journal de guerre,* P. Struye, dont on ne saurait mettre en doute les sentiments favorables au Roi, se rapproche de cet avis quand il note le 1er juin 1940 : « Réaction féminine et populaire unanime : Roi a bien fait de rester avec armée. Suis à peu près seul à observer que formule ne recouvre aucune réalité puisqu'il n'y a plus d'armée et que le Roi, prisonnier de guerre, est sans aucun contact avec ses anciens soldats. Vérités évidentes sont souvent les plus difficiles à admettre. »[37]

4.4. L'air du temps ou l'atmosphère de l'époque

Néanmoins les historiens, qui procèdent peu ou prou comme les juges d'instruction, instruisant à la fois à charge et à décharge, invoquent en l'occurrence une circonstance telle que, si on n'en tenait pas compte, elle mènerait tout droit à l'anachronisme. Elle tient à « l'air du temps » (les Allemands parlent de *Zeitgeist*), « l'atmosphère de l'époque », si l'on entend par là un ensemble de faits et d'interprétations qui font que, dans la majeure partie de l'opinion une conviction se décante ou se cristallise. Pour la saisir il faut se souvenir de l'été 1940. L'armée belge a capitulé le 28 mai et la France de Pétain a signé avec l'Allemagne un traité d'armistice le 22 juin. La guerre-éclair et les avancées foudroyantes de la Wehrmacht ont donné l'impression à beaucoup, du stratège à l'observateur moins averti, que l'Angleterre sera la prochaine cible et qu'une fois les insulaires vaincus, on s'acheminera forcément vers des pourparlers de paix, toute résistance étant devenue vaine.

[37] Paul Struye, *op. cit.*, p. 71.

L'opinion est ainsi faite qu'elle n'exprime pas toujours les inclinations les plus nobles de l'âme humaine. Une de ses tentations anciennes est de rallier le panache du vainqueur putatif ou de voler au secours de la victoire. Sans y céder, les dirigeants restés au pays réservent tout de même leur pronostic, considérant comme leur devoir de préparer l'avenir en tenant compte de toutes les éventualités, une des moins probables n'étant pas que des négociations de paix seront bientôt à l'ordre du jour. Auquel cas, estiment-ils, il vaut mieux être sur place pour plaider la cause d'un pays neutre[38], que de continuer à l'étranger une résistance dont les chances de succès paraissent minces.

En 1940 donc, rien n'est plus étranger à « l'air du temps » que l'idée que la guerre durera cinq ans. Selon son propre souvenir (*Pour l'Histoire*, p. 42), Léopold III aurait prévu dès Wynendaele ce qui s'est avéré exact : *Je sais que les armées françaises ne se relèveront pas du désastre de Sedan, que la première phase de la guerre est perdue pour les franco-britanniques et que l'épreuve sera longue.* Sa prévision d'une épreuve longue laisse néanmoins perplexe. S'agit-il d'une prophétie *post eventu* comme on en trouve à foison dans les Mémoires des hommes politiques, ou faut-il prendre le mot *épreuve* comme se rapportant à l'Occupation et non à la guerre proprement dite ? Rappelons que le conflit n'est devenu vraiment mondial qu'après Pearl Harbor (7 décembre 1941), l'entrée en guerre des États-Unis ayant été décisive pour la durée des hostilités. L'avoir prévue avec une année d'avance relèverait d'une perspicacité hors pair. Que le Souverain ait auguré une *épreuve longue* se rapportant à la guerre est d'ailleurs contredit par bon nombre de témoins. Ainsi l'ambassadeur italien G. Paolucci note, après son entretien du 30 mai à Laeken : « Le roi pense que la guerre finira bientôt ». Sur ce point, il est une fois de plus intéressant de citer P. Struye, observateur attentif et bien informé, qui note le 9 octobre 1940 :

[38] Il n'est toutefois pas certain que ce souci de neutralité fût toujours considéré par tous comme primordial. À en juger par les initiatives dans l'entourage du Souverain prisonnier, en particulier dans le « Centre pour la réforme de l'État », certains estimaient bien plus urgente l'abolition des partis politiques. C'est aussi l'époque où le Roi confia à H. De Man : « Le régime social et politique d'avant-guerre doit être considéré comme liquidé par la faillite et il faut s'opposer à toute tentative de le restaurer ». (Henri De Man, *op. cit.*, p. 25)

« Tschoffen rapporte qu'au début de juin, le Roi lui a exprimé la conviction qu'avant huit jours l'Angleterre aurait mis bas les armes et que la guerre serait terminée. Cela confirme la pensée politique qui a dicté son attitude. Après avoir eu raison au point d'étonner le monde par une exceptionnelle perspicacité et une vision prophétique de l'avenir ("J'ai des sources d'information que vous n'avez pas", a-t-il dit à Tschoffen) le fait est qu'il commence, depuis la résistance britannique, à avoir moins raison. »[39] Tout porte donc à croire qu'à moins d'avoir des dons d'extralucide permettant de prévoir, par exemple, l'issue de la Bataille d'Angleterre, personne n'était en mesure de pronostiquer dès l'été 1940 une guerre de plusieurs années. C'est tellement vrai que même le Gouvernement – celui dont quatre ministres ont pourtant pressé le Souverain à quitter le pays pour continuer le combat aux côtés des Alliés –, lui fait parvenir une lettre en date du 26 juin, demandant d'entamer des négociations avec l'Allemagne. Le Premier ministre les estime nécessaires pour deux raisons : d'une part, permettre le retour des soldats et civils belges se trouvant en France ; de l'autre, négocier avec les Allemands les conditions d'un armistice ou d'une convention concernant la Belgique. Et d'ajouter que sur le dernier point le Gouvernement ne veut rien faire sans connaître l'avis du Roi. Céder à la tentation de l'anachronisme consisterait en l'occurrence à juger ces faits et gestes comme si une guerre longue était inscrite dans les astres, autrement dit, comme si les personnes impliquées pouvaient deviner ce que nous savons désormais. Au contraire, tenir compte de « l'atmosphère de l'époque » autorise à donner un autre sens au rappel que le Souverain fait de son serment constitutionnel. Dans cette optique, ce ne serait pas une affaire de tout ou rien, mais l'évocation d'un devoir gradué, adaptable aux circonstances, les pires ne le déliant pas de l'obligation de faire de son mieux – par exemple, lors d'éventuelles négociations de paix –, pour sauvegarder de *l'indépendance nationale et de l'intégrité du territoire* ce qui pouvait l'être.[40] Le lecteur attentif vient appuyer cette

[39] Paul Struye, *op. cit.*, p. 145.

[40] C'est d'ailleurs dans cette optique que R. Capelle situe la rencontre de Berchtesgaden. Évoquant l'éventualité où la Belgique se trouverait sous la contrainte de se soumettre aux conditions du vainqueur, il ajoute : « y songer n'est pas la souhaiter » (Robert Capelle, *Dix-huit ans auprès du roi Léopold*, Fayard, Paris 1970, p. 225.)

analyse, soulignant l'épithète *future* quand le Roi narrateur parle de l'*indépendance nationale*. Le Roi prisonnier n'est pas aveugle : il sait bien que son inactivité politique *actuelle* est incompatible avec l'application *immédiate* de son serment constitutionnel. Mais quid si demain – et cela peut arriver plus vite qu'on ne le pense ! – une paix de compromis intervenait ? Ne vaudrait-il pas mieux alors, à la table des négociations, occuper le siège d'un pays neutre, s'étant défendu contre l'envahisseur, certes, mais n'ayant opté depuis lors pour aucun des deux camps, se réservant simplement de réclamer après le conflit le rétablissement de *son indépendance nationale et de l'intégrité de son territoire* ? Espoir peu réaliste, estimera-t-on aujourd'hui, avec le recul et le confort de ceux qui savent ce qui s'est passé les cinq années suivantes, ou qui l'ont même vécu, parfois douloureusement. Mais comme la responsabilité politique implique le devoir de préparer l'avenir en tenant compte de tous les possibles – gouverner c'est prévoir ! – pardonnerait-on à un dirigeant d'avoir agi en ayant perdu de vue, voire en ayant écarté délibérément, une de ces possibilités, qu'on peut juger illusoire aujourd'hui, mais qui était peut-être réelle à l'époque ?

Tout de même, si cette perspective « réaliste », ou « opportuniste », était généralement partagée tout au long du « bel été » de 1940, résiste-t-elle ensuite aux aléas de la guerre et reste-t-elle une explication plausible en automne de la même année, en particulier le 19 novembre, date de l'entrevue de Berchtesgaden ? Pour répondre par l'affirmative, il faudrait passer sous silence au moins deux faits nouveaux, dont le Souverain était informé. Le premier était une nouvelle inquiétante pour ceux qui avaient tablé sur une victoire rapide et totale de la Wehrmacht, à savoir l'issue de la Bataille d'Angleterre. Car après la fameuse guerre-éclair de l'été, la Luftwaffe de Goering n'était pas parvenue à mettre à genoux les Britanniques. Tout prouvait que ceux-ci, contrairement aux prévisions – voire aux espoirs ? – de certains, étaient plus que jamais déterminés à poursuivre la guerre. Dès lors, vers la mi-octobre Hitler décida de remettre à plus tard l'invasion de l'île, et donna secrètement des directives pour la préparation de l'opération « Barbarossa », l'attaque de l'Union soviétique, qui devait se déclencher le 22 juin 1941. Or, l'issue de la Bataille d'Angleterre était apparue à beaucoup comme un premier signe indiquant que la prétendue invincibilité de la Wehrmacht avait ses limites. Le Souverain qui, au mois de mai, avait voulu convaincre ses ministres que la guerre était terminée pour la Belgique et que celle-ci avait dès lors intérêt au respect d'une stricte neutralité, en avait-il conçu un doute ? Pour illustrer « le malentendu de Wynendaele », J. Vanwelkenhuyzen explique comment les ministres, profondément convaincus de la supériorité des Alliés, ne pouvaient que mal décoder le réalisme du Souverain : « Les ministres replaçaient toujours dans le cadre d'une victoire alliée ce que Léopold III énonçait en prévision d'une victoire allemande ».[41] Or, on peut se demander si depuis Wynendaele, lieu où les chemins du Roi et de ses ministres s'étaient en effet séparés, le premier revers de la stratégie allemande avait entamé dans le chef de Léopold III le bien-fondé de cette prévision. Si la réponse est affirmative, force est de reconnaître que six mois plus tard, le voyage à Berchtesgaden n'en administra pas la preuve, bien au contraire.

Un autre événement mérite d'être évoqué dans ce contexte. Après la débâcle de mai 1940, le Gouvernement Pierlot se retira en France, où il assista à la défaite de l'armée française, la démission du Gouvernement Reynaud, l'avènement de Pétain et la signature de l'armistice le 22 juin. Suivit alors une période peu glorieuse d'abattement[42], de valses-hésitations et même de dispersion, qui conduira certains ministres à rester en France, d'autres à gagner la Suisse, l'Espagne, l'Angleterre ou même l'Allemagne. C'est ainsi que, dès le 22 octobre, un mois donc avant Berchtesgaden, les ministres H. Pierlot et P.H. Spaak arrivèrent à Londres, où les avaient précédés leurs collègues A. De Vleeschauwer et C. Gutt.[43] Les Autorités britanniques ne tardèrent pas à reconnaître ce noyau

[41] Jean Vanwelkenhuyzen, *op. cit.*, p. 55.

[42] Jean Stengers, *op. cit.*, p. 77 parle de la *déliquescence* du Gouvernement Pierlot.

[43] En réalité, le Premier ministre belge à débarquer à Londres fut Marcel-Henri Jaspar, même s'il y arriva sans portefeuille, le Gouvernement l'ayant révoqué. Comme il voulut y constituer avec C. Huysmans un « Comité national belge » d'inspiration révolutionnaire, ni les autorités britanniques ni le Gouvernement belge n'y furent favorables. Au contraire, les Anglais mirent d'autant plus de zèle à hâter la reconnaissance du « Gouvernement belge en exil » que cette décision permit de court-circuiter l'initiative de Jaspar.

gouvernemental comme le seul exécutif légitime de la Belgique. Or, si en juin 1940, on pouvait certes avoir de sérieux doutes sinon sur la légalité, du moins sur l'efficacité de ce Gouvernement, changeant de résidence au gré de la Campagne de France – de Poitiers à Vichy en passant par Limoges et Bordeaux (Sauveterre-en-Guyenne) –, en octobre la perspective avait changé, puisqu'on en vit une partie, dont le Premier ministre H. Pierlot, réapparaître à Londres, dans le camp des Alliés. On ignorait encore si ce camp serait celui des vainqueurs, mais il prouvait qu'une résistance bien organisée pouvait survivre au déluge de feu déversé par la Luftwaffe sur les villes anglaises. Choisir ce camp à ce moment précis de la guerre et se mettre à sa disposition avec les moyens du bord était tout sauf voler au secours de la victoire.[44] Par comparaison ou contraste, pour le Roi resté en Belgique, prendre contact avec le chef du camp adverse, lui demander une audience selon ses convenances, comme il semble l'avoir fait en juin (câble de Kiewitz) et en octobre (visite de Marie José au Führer[45]), relève d'intentions différentes selon qu'on projette le geste sur l'arrière-fond de la situation de l'été ou sur celui de l'automne. Si le rendez-vous de Berchtesgaden avait été pris en juin, on aurait pu arguer que le Souverain ne faisait qu'abonder dans le sens de son Gouvernement, conformément à la lettre de celui-ci en date du 26. En revanche, en octobre ou novembre, à l'époque où celui-ci avait opté à Londres non pour la neutralité mais pour la poursuite de la guerre contre l'occupant, la présence du Roi des Belges au « nid d'aigle » du Führer prenait une tout autre coloration.

Si l'on doit donc à tout moment tenir compte de l'air du temps vu comme l'ensemble des convictions et sentiments en vigueur à une époque donnée, on doit aussi être attentif à leur évolution. Or, il faut bien reconnaître que l'atmosphère avait évolué entre mai et novembre 1940 : la coalition des pays décidés à continuer le combat avait acquis des contours plus fermes et la Belgique l'avait officiellement rejointe, ce qui modifia sensiblement la per-

[44] Rappelons tout de même que ces moyens dépassaient parfois ceux « du bord », puisque A. De Vleeschauwer apporta à Churchill rien moins que les matières premières du Congo belge.

[45] Le rapport Schmidt de cet entretien prouve néanmoins que la princesse a plaidé pour un rendez-vous incognito.

ception des rapports par l'opinion publique.[46] On voit par là que « l'air du temps » peut se révéler une arme à double tranchant. Tantôt il permet de lire dans une action à première vue critiquable des circonstances atténuantes, tantôt il donne un sens moins favorable à la démarche inverse, autorisant à y déceler une circonstance aggravante.

[46] Voir à ce propos Mark Van den Wijngaert, « L'opinion publique face à Léopold III pendant l'Occupation », dans M. Dumoulin *& al.* (éd), *op. cit.*, p. 173-185.

5.

La controverse des rapports

De ce qui s'est dit et fait à Berchtesgaden, le 19 novembre 1940, nous possédons plusieurs versions qui convergent sur certains points et divergent sur d'autres. Le phénomène n'a rien de bien étonnant. Il est même prévisible au point qu'en cas de ressemblance trop forte, voire de coïncidence parfaite, on est en droit de subodorer une version truquée, habillée ou, dans le cas d'un procès s'assises, une subornation de témoins, qu'on a forcés à parler dans un sens identique. Les récents travaux en pragmatique linguistique[47] démontrent à quel point les énoncés rapportés, tant en style direct qu'indirect, constituent un problème sémantique d'une extrême complexité. Ainsi, d'une banale conversation entre deux locuteurs bienveillants, on obtiendra des rapports différents quant aux sujets abordés, l'ordre dans lequel ils l'ont été, les points de vue défendus par chacun, les accents mis, les conclusions tirées. C'est que les locuteurs possèdent une mémoire plus ou moins fidèle ou sélective, ont d'autres *a priori* et priorités quant à l'intérêt des sujets abordés et aux valeurs qu'ils incarnent, ont des habitudes linguistiques individuelles, qui font qu'en rapportant les propos de l'interlocuteur, ils les adaptent spontanément à leurs propres habitudes lexicales et syntaxiques. Que dire alors de conversations rapportées qui sont devenues l'enjeu d'un conflit, d'une querelle qu'on n'arrive pas à vider, chaque parti ne démordant pas de sa propre version, voire, en cas de version identique, de l'interprétation exclusive qui s'impose ?

[47] Voir par exemple Catherine Kerbrat-Orecchioni, *Les interactions verbales*, Armand Colin, Paris 1990.

5.1. Une « dictée » le soir même ?

Dans la version de l'entretien qu'on lit dans *Pour l'Histoire*, et qui ne diffère guère des versions antérieures du rapport, il faut mettre en évidence quelques traits particuliers qui en conditionnent profondément l'orientation. Le lecteur apprend d'abord qu'il s'agit d'un *résumé de l'entretien tel que je le dictai le soir même à mon secrétaire*. Le Roi narrateur n'écrit pas : *le texte qui suit est un résumé de ce que je dictai*. On verra l'importance de cette nuance syntaxique qui pourrait échapper à la première lecture. De l'opération elle-même – la dictée –, on possède une autre version, celle du secrétaire particulier du Roi, le comte R. Capelle. Celui-ci raconte comment le soir même, le Roi lui fit effectivement un compte rendu oral de l'entrevue, dont il nota en abrégé la teneur.[48] Ce n'était donc pas à proprement parler une *dictée*, une notation « en toutes lettres » des phrases prononcées par le Roi, mais une note en style télégraphique. La différence n'est pas négligeable quand on apprend par le même R. Capelle que c'est sur base de ces notes qu'il travailla encore pendant deux heures à la rédaction d'un texte suivi, document qu'il soumit ensuite au Roi pour accord. S'imagine-t-on le Roi relisant un texte qu'il aurait lui-même *dicté* ? Or, répétons-le, cette nuance à première vue anodine peut avoir des conséquences importantes pour la lecture et l'interprétation. Un texte dicté doit en effet correspondre littéralement aux paroles prononcées, alors qu'un texte résultant d'un travail de rédaction de quelque deux heures sur base de notes, est plus ou moins fidèle à ces paroles et nécessite dès lors de la part du locuteur d'origine une relecture pour accord. Ce qui fut fait en l'occurrence.

Peu importe, objectera-t-on, le travail de rédaction ultérieur n'a pu altérer le sens général et les faits essentiels du compte rendu oral, puisque le Roi et son secrétaire se sont entendus sur la version résultant de la rédaction. Souvenons-nous néanmoins que le Roi narrateur souhaite donner de l'entrevue un compte rendu qui *rétablisse la vérité*. Dans le « chapeau » du chapitre, il promet de décrire *comment se déroula exactement cette entrevue*. L'ajout du mot *exactement* n'est pas fortuit. Il indique une intention de mise

[48] Robert Capelle, *op. cit.*, p. 227.

au point qui s'inscrive en faux contre les *inexactitudes* entachant les autres versions (et des conséquences qui furent tirées), en particulier celle de l'interprète Schmidt. L'indication *le soir même* va d'ailleurs dans le même sens. Elle suggère que le souvenir *exact* de ce qui venait de se passer et de se dire n'était pas encore altéré par l'usure du temps. Au demeurant, le Roi narrateur semble bâtir sa défense sur le raisonnement suivant : (i) c'est moi qui ai participé à l'entretien, j'en suis donc le premier témoin ; (ii) j'ai fait une déposition orale immédiatement après, à un moment où ma mémoire ne pouvait pas encore me trahir ; (iii) enfin, j'ai *dicté* ma déposition à mon secrétaire ; la note qu'il a produite reflète donc parfaitement mon rapport oral. Ces trois constats convergent vers la conclusion qui clôt le commentaire : *la vérité est que…*, en d'autres mots, *c'est moi qui dis la vérité*. Le Roi narrateur ne semble pas conscient que même dans le cas d'un entretien sans enjeu et dénué de toute polémique, le fait d'y avoir participé et d'en faire un rapport immédiatement après n'est pas une garantie absolue quant à sa fidélité. Les observateurs notent d'ailleurs que la participation à une discussion est loin d'être un facteur favorisant cette fiabilité et qu'elle est en général mieux préservée par un observateur neutre et muet. Quant à la même garantie dans le cas d'un entretien avec enjeu sur fond d'exploitation conflictuelle, comme c'est à l'évidence le cas ici, nul doute que ce soit là une exigence dépassant les capacités humaines.

L'incertitude concernant l'affirmation *l'entretien tel que je le dictai*, fait donc planer un doute, non sur la sincérité du témoignage, mais sur son exactitude. Cette ombre au tableau s'allonge encore quand on sait à quel point le secrétaire R. Capelle, comme sa fonction l'exigeait d'ailleurs, déploya tout au long de son mandat des trésors d'ingéniosité pour présenter les paroles et gestes de son maître sous l'angle le plus favorable, surtout pendant la période de l'Occupation. Un seul exemple : la rédaction du fameux « Testament politique », dont il n'a pris connaissance que tardivement, à une époque où il se trouvait déjà plus ou moins sur la touche. À la première lecture, ce texte, dû principalement à la plume du Chef de cabinet L. Fredericq, voire aux idées tranchantes du général R. Van Overstraeten, le remplit d'appréhension, tant il vit du premier coup d'œil toute l'exploitation que pourraient en faire après la guerre « les adversaires du Roi ». Il en avertit d'ailleurs à plusieurs reprises l'intéressé, qui resta sourd à ses alertes. Aussi craignit-il le pire quand, le 7 juin 1944, le Roi fut déporté en Allemagne, laissant des exemplaires du document entre les mains des magistrats chargés de le remettre au Gouvernement (et aux Alliés) après la Libération. Pour éviter le pire, il fit encore une dernière tentative le lendemain 8 juin. Ce jour-là la Princesse de Réthy fut elle aussi déportée, en compagnie des enfants royaux, à Hirschstein en Allemagne, où elle devait rejoindre le Souverain. Or, juste avant le départ, R. Capelle conjura encore la princesse d'emporter, pour les soumettre au Roi, un exemplaire du « Testament politique » avec les remaniements importants qu'il proposait. Et il l'implora de convaincre son époux d'en arrondir les angles dans le sens voulu. Est-il pensable que ce même secrétaire prévenant, dévoué, et en l'occurrence plus clairvoyant que le Roi, ait travaillé pendant deux heures, le soir du 19 novembre 1940, sur un texte aussi sensible que le rapport de l'entrevue de Berchtesgaden, sans l'avoir rédigé dans un sens excluant pour son maître tout risque futur ? Bien entendu, cette orientation ne se laisse imaginer que si le résumé de l'entretien qu'on lit dans *Pour l'Histoire,* n'a pas été *dicté* au sens strict, mais constitue un document élaboré à partir de notes prises sur le vif.

5.2. Diversité des langues et traduction

Un autre aspect mérite de retenir l'attention, si l'on veut apprécier le témoignage à sa juste valeur : la différence des langues utilisées par les interlocuteurs et l'activité réelle de l'interprète. Participent donc à l'entretien de Berchtesgaden trois personnes, à savoir deux interlocuteurs qui se parlent par le truchement d'une tierce personne. Ce sont le chancelier Hitler, le roi Léopold III et l'interprète P. Schmidt. Hitler ne parle et ne comprend que l'allemand. Le Roi parle et comprend également cette langue mais a choisi de parler français : *Je parlai français pendant l'entretien, bien que je comprenne et parle l'allemand.* Schmidt traduit dans les deux sens et – détail important ! – note en sténographie les interventions dans l'ordre où elles se font, pratique courante chez les interprètes d'un certain niveau, surtout lorsqu'un des deux interlocuteurs, voire les deux, souhaite faire des développements importants sans être interrompu par la traduction simultanée. C'est le cas d'Hitler, dont le penchant pour les « tirades » n'est un secret pour personne. Or, la phrase du Roi narrateur contient deux éléments importants dans l'optique argumentative adoptée ici. Dire *je parlais français pendant l'entretien* entraîne comme sous-entendu : j'ai tenu à me faire respecter comme Roi des Belges en parlant français, voire : je n'ai pas voulu parler la langue de nos envahisseurs et occupants. Par ailleurs, par la subordonnée *bien que je comprenne et parle l'allemand,* le Roi n'entend pas faire étalage de ses compétences linguistiques, mais souligner les conséquences de celles-ci pour l'évaluation de la qualité du travail de l'interprète.

Revenant un instant à notre trio, on voit que le seul à ne pas comprendre le français est Hitler. Lui seul a donc besoin de l'interprète pour saisir les propos du Roi. Ce dernier est capable de surveiller la traduction du français en allemand qui suit chacune de ses interventions. Il en va de même dans l'autre sens : chaque fois qu'Hitler prend la parole, celle-ci est suivie d'une traduction d'allemand en français, qui n'est pas indispensable pour le Roi, mais que celui-ci peut écouter en évaluant l'adéquation entre le discours d'origine, qu'il a compris, et sa traduction en français. Quant à l'interprète, il note en sténographie les propos des deux interlocuteurs au fur et à mesure de leurs interventions et arrête de noter pendant qu'il traduit lui-même, tantôt en français, tantôt en allemand. Ces détails sont importants pour comprendre ce qui suit. Dans sa lettre publique à Pirenne, en 1945, Léopold III se souvient avoir remarqué à plusieurs reprises que l'interprète Schmidt s'efforçait d'atténuer la portée de certaines expressions utilisées par les deux interlocuteurs. Remarque judicieuse et vraisemblable, mais qui ne doit pas être confondue avec des traductions inexactes. La formation de l'interprète professionnel, surtout à destination diplomatique, comporte en effet un volet psychosocial dont le but est de faire en sorte que le présupposé de tout dialogue réussi – à savoir le respect mutuel que les interlocuteurs sont censés se porter –, ne soit jamais mis en danger. Cela implique entre autres d'arrondir les angles en atténuant par la traduction des paroles qui auraient « dépassé la pensée ». En général, quand cela se produit, les intéressés ne reprochent pas à leur interprète d'avoir travesti leur pensée, mais les remercient de leur avoir évité une parole préjudiciable au but recherché.

Une troisième remarque préalable s'impose enfin. Le résumé de l'entretien tel qu'il figure dans *Pour l'Histoire* mélange plusieurs styles de « discours rapporté ». Pour rappel, indiquons quelques distinctions indispensables par des exemples concrets. Il y a d'abord celle, ancienne ou classique, entre style direct et style indirect. Le rapport du Roi comporte un mélange des deux. Un exemple du premier se lit dans le passage *le roi : « Qu'en sera-t-il de l'indépendance de la Belgique ? »* ; un exemple du deuxième est le suivant : *Le roi demande à Hitler de renvoyer les prisonniers de guerre.* Une troisième tournure est le style dit « contracté » qui permet de résumer des développements plus longs en indiquant leur teneur, par exemple : *Hitler développe de longues considérations sur la supériorité de l'ordre nouveau.* On trouve enfin des indications comportementales telles que : *le Führer relève la tête* ou *Hitler, s'adressant à l'interprète.* Enfin, le rapport du Roi se termine par un commentaire qui n'en est pas nettement séparé et qui laisse perplexe. L'auteur écrit en effet *J'ajouterai à ce compte rendu* etc. Logiquement, on peut comprendre que ce qui suit ne fait pas partie du compte rendu. Pourtant, il s'agit d'un mélange de paroles d'Hitler, dont on se demande pourquoi elles ne figurent pas dans le rapport proprement dit, et de sentiments, de considérations et d'avis polémiques du Roi (concernant le rapport Schmidt), le tout se terminant par l'affirmation péremptoire : *La vérité est que…* etc. Or, les spécialistes soulignent que le mélange des styles de discours rapporté n'est en général pas le meilleur garant de la fiabilité d'un rapport.[49] Déjà le style indirect, dans la mesure où il peut laisser percer le point de vue du rapporteur, fait craindre une objectivité affaiblie. En l'occurrence, le rapport du Roi mélange plusieurs styles sans motivation explicite et sans raison apparente.

Notons en outre que le style contracté suscite des questions sur les critères de sélection qui ont présidé tantôt aux propos abré-

[49] Dans le document Schmidt, le style est plus uniforme : c'est le style indirect avec le verbe à la troisième personne du subjonctif typique pour l'allemand : *er sei überzeugt, er habe versprochen, etc.*

gés, résumés ou gommés, tantôt aux interventions reprises « en toutes lettres ». Car si la mémoire est déjà spontanément sélective, elle se double d'un second danger quand « par manque de place » ou « pour faire court », le rapporteur décide qui de laisser parler, qui d'abréger ou d'imposer le silence. Certes, le résumé succinct d'une entrevue qui a duré plus de deux heures et demie doit par définition s'en tenir à l'essentiel. Mais justement, dans ce cas, toute la question est de savoir pourquoi le rapporteur a trouvé telle parole essentielle, alors qu'il n'a pas retenu telle autre – en l'occurrence connue par le rapport Schmidt –, et qui nous paraît aussi (sinon plus) significative. Par exemple, quand Hitler affirme concernant l'Espagne : *c'est un producteur d'huile et on y manque d'huile,* on ne voit pas bien pourquoi cette remarque, retenue dans *Pour l'Histoire,* a passé le crible. Par ailleurs, on se demande pourquoi certains propos à consonance politique y sont passés sous silence ou réduits à leur plus simple expression. Il va de soi aussi qu'un rapport qui se veut concis doit éviter à tout prix les répétitions, à moins qu'elles aient une importante valeur d'acte. Ainsi, on sait qu'à plusieurs reprises le Roi interrogea Hitler sur *l'indépendance future de la Belgique* et cette insistance – significative – est rapportée utilement à la fois par le Roi et par l'interprète Schmidt. Par contre, quand Hitler dit, selon le rapport du Roi, *tout le monde doit prendre sa part des épreuves générales* et, un peu plus loin, parlant des pays occupés, *ils devront tous prendre leur part de privations* et enfin *chacun doit prendre sa part des épreuves communes,* la suppression de ces répétitions n'aurait pas nui à la fidélité du rapport. Autrement dit, un rapporteur qui a conservé de tels doublets peut difficilement invoquer ensuite le besoin de concision pour parer au reproche d'avoir oublié ou passé sous silence des interventions plus importantes. Concernant le commentaire terminal enfin, soulignons que la crédibilité d'un rapport peut être amoindrie par des avis ou commentaires du rapporteur, quand ceux-ci ne sont pas clairement séparés des propos rapportés, comme c'est le cas ici. C'est particulièrement vrai lorsqu'un des interlocuteurs est en même temps rapporteur et que son rapport doit par la suite servir de pièce à conviction dans un procès qui lui est intenté.

5.3. Une question de « position dialogique »

Dès l'abord de l'entrevue surgit une question capitale qui décidera de l'orientation générale des propos tenus, celle de la « position dialogique » des interlocuteurs. Par cette expression technique, certains spécialistes entendent le rapport intentionnel dans le chef de chacune des parties à l'entame du dialogue et qui en oriente le déroulement.[50] Ainsi, à supposer que B ait demandé une audience à A, une règle élémentaire de diplomatie, voire de simple politesse, exigera que la palabre s'ouvre sur une figure discursive telle que A demandant le motif de la demande. Ce qui se traduira, par exemple, par la question : « En quoi puis-je vous être utile ? » Par contre, si c'est A qui a convoqué B, l'amorce du dialogue sera différente. Dans ce cas, il est fréquent que l'hôte invitant, après quelques préambules polis sur le voyage, la santé ou le temps, fournisse les motifs de la convocation. Suivant les circonstances, il dira par exemple : « Voici pourquoi j'ai souhaité vous voir, connaître votre avis, vous demander conseil, etc. » Or, dans la version du Roi narrateur, l'entretien commence par une double question d'Hitler, dans l'ordre : *Avez-vous des vœux personnels à formuler ?* et *Avez-vous des vues personnelles quant à l'avenir de votre pays ?* S'il en était encore besoin, cette entrée en matière suffirait à jeter le doute sur l'affirmation ultérieure de J. Pirenne dans le *Livre Blanc*, selon laquelle c'est Hitler qui a forcé le Roi à venir à Berchtesgaden. En effet, quand on a contraint quelqu'un à venir à un rendez-vous, il est peu probable qu'on commence par lui demander : « Que puis-je faire pour vous ? » Le contenu des pourparlers ne laisse d'ailleurs aucun doute sur le rôle respectif des interlocuteurs : c'est bien le Roi qui est en position de précarité, Hitler ne quittant à aucun instant sa position de force, qui lui permet de rester inflexible sur les demandes importantes et faussement généreux ou dilatoire sur les autres.

Si nous tenons à souligner cette différence de « position dialogique », c'est que le Roi termine son rapport par une conclusion sur laquelle nous reviendrons et qui est en contradiction flagrante

[50] Francis Jacques, *Dialogiques ; Recherches logiques sur le dialogue*, PUF, Paris 1979.

avec son rôle de partie demanderesse. Citons la phrase terminale de la démonstration : *J'en suis revenu n'ayant pris aucun engagement, n'ayant rien cédé et n'ayant rien promis.* En effet, si B rend visite à A pour lui soumettre certains souhaits, une conclusion probable sera « J'ai obtenu ceci ou cela », voire « Je n'ai rien obtenu, je suis revenu bredouille ». En revanche, conclure *Je n'ai rien cédé,* c'est suggérer que A était la partie demanderesse, ce qui n'était manifestement pas le cas ici. Cette conclusion du Roi, qui équivaut à l'affirmation *Hitler n'a rien obtenu de moi,* illustre bien les distorsions causées par ce qu'on pourrait appeler « une position dialogique pervertie ». Qu'on se rappelle les raisons qui, selon la version même du Roi, avaient motivé le voyage à Berchtesgaden, changeant du coup un épouvantail en devoir. N'était-ce pas d'obtenir pour la Belgique occupée une amélioration des conditions de vie, le retour des prisonniers et l'assurance de la sauvegarde de l'indépendance nationale après les pourparlers de paix qui – du moins d'aucuns le croyaient-ils encore à l'époque – allaient s'ouvrir incessamment ? Tout l'argumentaire développé ne tendait-il pas à la conclusion : si j'ai accepté d'aller parler à notre envahisseur – et pour tout dire à mon geôlier – c'est que mon devoir de Roi m'imposait de penser d'abord au bien de mon pays ? Peu importait la qualité morale de mon interlocuteur, pourvu que je parvienne à le faire accéder à mes demandes. D'ailleurs, ma sœur ne m'avait-elle pas assuré qu'il était *encore favorablement disposé* à l'égard de la Belgique ? Voilà un argumentaire qui incline vers la « position dialogique » de précarité à l'égard d'un interlocuteur dont on attend concessions ou faveurs. C'est d'ailleurs à cet effet que le Souverain dit avoir préparé *un plaidoyer* avec l'aide de ses conseillers. On comprend dès lors à quel point la conclusion *Hitler n'a rien obtenu de moi* est diamétralement opposée à cette position. La question initiale n'était en effet pas de savoir si Hitler allait obtenir quelque chose de Léopold III, mais bien plutôt si celui-ci pouvait obtenir quoi que ce soit de celui-là. On le sait désormais, la réponse à cette question, la seule importante en l'occurrence, fut négative. Si bien que pour le Roi narrateur, il eût été plus logique, en tout cas plus conforme à la « position dialogique » de la rencontre, de conclure *Je n'ai rien obtenu d'Hitler.*

Tout de même, comme on l'a dit précédemment, voulant aussi instruire à décharge, on pourrait arguer que le Roi avait conçu comme risque principal de la démarche, celui de se voir imposer par Hitler *la reprise de ses prérogatives constitutionnelles*. Même si cette crainte n'était sans doute pas réaliste, vu les « instructions de juillet », elle eût été cette fois conforme à la « position dialogique » supposée. Car en l'occurrence, si telle avait été l'intention d'Hitler, celui-ci aurait eu une vraie demande, qui aurait pu devenir une exigence, voire un ordre, étant donné sa position de force. En sorte que l'on comprendrait alors la conclusion de Léopold III : *Hitler n'a rien obtenu de moi*. Or, justement, si les deux rapports principaux de l'entretien, divergents sur plusieurs points, sont unanimes sur une chose, c'est bien le silence sur l'objet de la prétendue crainte du Roi narrateur. Car nulle part Hitler n'aborde la perspective d'une remise en selle du Roi prisonnier. Autrement dit, même sur ce risque, qui avait apparemment donné des sueurs froides à ce dernier, Hitler n'avait visiblement rien à déclarer, rien à demander et par conséquent rien à obtenir.

Reprenons néanmoins les trois expressions employées par le Roi dans sa conclusion et que par commodité nous avons résumées par l'énoncé *Hitler n'a rien obtenu de moi*. Ce sont dans l'ordre : *je n'ai pas pris d'engagement*, *je n'ai rien cédé* et *je n'ai rien promis*. Or, en relisant le rapport du Roi, force est de reconnaître qu'avec la meilleure volonté on ne trouve pas le moindre passage où son interlocuteur l'aurait incité à prendre un *engagement*. Encore moins le voit-on exercer une pression pour que celui-ci *cède* quoi que ce soit. D'ailleurs pourquoi un geôlier ferait-il pression sur un prisonnier à sa merci ? Quant aux promesses, c'est plutôt Hitler qui, au sortir de l'entrevue, aurait pu dire à son entourage, parlant de Léopold III : « Je ne lui en ai fait aucune, malgré ses demandes réitérées », entre autres et surtout concernant *l'indépendance nationale* de la Belgique. Dès lors, c'est sans doute dans ce sens qu'il faut comprendre la remarque dépitée qu'un membre de la délégation belge aurait faite en allemand à Meissner, quand ce dernier se félicitait du résultat de l'entretien : « *Es hätte besser sein können.* ». (Cela aurait pu se passer mieux). Pourtant, est-on tenté de se dire, de quoi se plaignait la délégation belge, puisque selon le propre souvenir du Roi, il n'avait rien cédé ou promis au dictateur ? En somme, tout n'allait-il pas pour le mieux dès lors que ce dernier n'avait pas exigé que le Roi reprenne *l'exercice de ses prérogatives constitutionnelles* ? On voit par là à quelles contradictions rhétoriques on peut aboutir quand on perd de vue la « position dialogique » d'une entrevue. En effet, parti dans une position de faiblesse pour obtenir du chef des occupants des avantages pour la Belgique occupée, le « Roi de l'histoire » revint bredouille, mais il semble que le « Roi historien » préfère réinterpréter à sa façon cet épisode moins glorieux : oubliant que le demandeur n'a rien *obtenu,* il inverse les rapports de force en soulignant qu'il n'a rien *lâché.*

Notons que cette curieuse inversion ne figure pas dans le rapport même, mais dans un commentaire qui n'en est pas nettement séparé (p. 74-75 dans *Pour l'Histoire*). La remarque a son importance dans la mesure où, en rappelant qu'il dicta le rapport à son secrétaire le soir même de l'entrevue, le Roi narrateur a l'ambition déjà évoquée de dire *exactement* comment elle s'est passée, l'empreinte de l'événement étant encore fraîche dans sa mémoire. À l'évidence, cette proximité temporelle n'est pas revendiquée pour les remarques et commentaires qui s'y sont ajoutés plus tard et qui figurent encore dans l'ouvrage publié en 2001. Sinon on ne comprendrait pas de la part d'un homme intelligent et bien informé cette inversion de « position dialogique » à quelques alinéas de distance. Certes, le rapport proprement dit de Berchtesgaden – sans doute soigneusement mis en perspective par son secrétaire R. Capelle, qui trempait sa plume dans la meilleure encre diplomatique – n'est pas rédigé dans l'intention désintéressée de servir l'histoire. On n'oserait pas appeler l'époque dont il date un *tempus non suspectum,* mais au moins n'est-elle pas encore contaminée, exacerbée et surtout embrouillée par les débats hargneux de la Question royale. Quand un demi-siècle plus tard le Roi écrit dans un ouvrage posthume *La vérité est que je me suis rendu à Berchtesgaden pour obtenir la libération sans discrimination des prisonniers de guerre,* cela est conforme à la fois au rapport du Roi et à celui de l'interprète Schmidt. Or, cette intention est dans le droit-fil de la « position dialogique » que nous avons évoquée : celle d'un demandeur en position d'infériorité, voire de précarité. Il en va de même pour son souhait d'obtenir *une augmentation de la ration alimentaire et l'allègement des charges financières qui pesaient sur la Belgique*. Sur un troisième point enfin, celui du *maintien de l'indépendance nationale,* que le Roi cite comme préalable aux deux autres, l'équité commande de lui prêter l'intention de l'obtenir à une époque où on pouvait encore s'attendre à une fin prochaine des hostilités, suivie de pourparlers de paix. Si ces trois points sont incontestablement conformes aux rapports de Berchtesgaden, ils constituent en même temps une triple confirmation de ce que le Roi était la partie demanderesse et que – résultat qu'il omet de signaler pour des raisons bien compréhensibles –, il essuya sur ces points un triple refus. On ne comprend donc rien à l'inversion de perspective par laquelle se clôt le chapitre, si on perd de vue que les commentaires s'adressent moins à l'histoire et à l'historien qu'aux « adversaires du Roi », ceux qui dans l'après-guerre et durant la Question royale, l'empêchèrent de rentrer en Belgique et d'y reprendre son mandat, en l'accusant d'avoir engagé avec le dictateur des *négociations politiques*. Il nous faut donc dire un mot de ces accusations.

6.

Quand dire c'est faire (ou laisser faire)

L'homme politique sait par expérience qu'avant d'évaluer le contenu du discours adressé à un interlocuteur – qu'il s'agisse de renseignements, de conseils, de mises en garde ou de promesses –, il doit peser le sens de l'acte même qu'il accomplit en lui adressant la parole, en l'écoutant ou en s'y refusant. La vie publique ne manque pas d'exemples illustrant le vieil adage selon lequel « qui se ressemble s'assemble ». Une sagesse similaire se dégage de l'expression « dis-moi qui tu fréquentes et je te dirai qui tu es ». Les travaux actuels sur les postulats de la conversation[51] pointent souvent ce présupposé essentiel : engager une conversation avec quiconque exige un accord minimal sur les règles du jeu auquel on va se livrer. Car si bon nombre de dialogues consistent à dire son désaccord et à le motiver, ce n'est jamais qu'en faisant appel à la raison de l'autre. En effet, même dans le cas d'un dialogue sur fond de désaccord, il existe toujours un accord préalable et tacite sans lequel l'échange serait un non-sens, à savoir que de part et d'autre on se porte une estime suffisante pour coopérer à la réussite de l'interaction verbale. Dans le cas contraire, on évite de se parler, attitude également lourde de sens, puisqu'elle exprime *in absentia* que l'interlocuteur éventuel ne dispose pas de la raison ou de la rectitude nécessaires pour entendre ce qu'on pourrait lui dire ou qu'il n'est pas digne d'être écouté. Cette exclusion de l'espace de la parole et du dialogue se constate souvent dans les rapports avec les

[51] Voir Herbert Paul Grice, « Logique et conversation », *Communications*, n° 30, 1979.

tenants des extrêmes sur l'échiquier politique. Au point qu'il n'est pas rare d'entendre l'homme (ou la femme) politique se revendiquer de cet ostracisme, tout au moins en public et dans ses discours officiels, pour illustrer *a contrario* les valeurs démocratiques dont se nourrit sa propre action.

6.1. Se fréquenter, se parler, s'écouter, voire « s'entendre »

Dans ce qui suit, nous partirons également de cette distinction entre « l'acte de langage » que constitue le contact entre deux dirigeants, et le contenu des paroles qu'ils ont échangées. Autrement dit, nous nous demanderons d'abord ce qu'ils ont accompli, effectué, voire « commis », du fait même de se rencontrer et de se parler, avant d'évaluer le sens et le poids de leurs paroles. D'ailleurs, depuis les années 1950 et la Question royale, bon nombre d'auteurs, favorables ou non au Roi, ont fait spontanément cette distinction sans pour autant la thématiser. Ils posent des questions telles que : était-il décent, dangereux, utile, voire nécessaire ou indispensable que le Roi des Belges rencontre le chancelier du Reich ? Après quoi ils examinent la portée de ce qu'ils se sont dit. Pour la première question, ils ont recours au contexte politique et militaire de l'époque, ainsi qu'à l'origine de l'initiative, les préparatifs et les circonstances du voyage. Pour la deuxième, ils se basent essentiellement sur l'analyse comparative des rapports de l'entretien et sur divers témoignages de diplomates relevant des deux escortes. Notons que le Roi lui-même, tant dans des documents anciens que dans *Pour l'Histoire*, semble convaincu du bien-fondé de cette distinction. Sans doute y est-il entraîné par la double attaque à laquelle il fait front. On a vu plus haut comment il l'esquive dans les deux cas : d'une part, à la question « fallait-il y aller ? » il répond par la pression de son entourage, l'initiative de sa sœur et sa conscience du devoir ; d'autre part, sur le plan du contenu, en particulier des concessions politiques qu'il aurait faites, il riposte en attaquant la fiabilité du rapport Schmidt.

Que faisait le Roi en acceptant de parler à Hitler ? Toute interprétation d'une démarche humaine, à plus forte raison politique et publique, se base sur au moins trois questions : qui, quand et où ? Pour répondre à la première, rappelons l'identité et le statut public des interlocuteurs. D'une part, le Roi d'une monarchie constitutionnelle, prisonnier dans son palais de Laeken, forcé à l'inactivité politique suite à la capitulation du 28 mai 1940 et la captivité qui s'en suivit. D'autre part, le chancelier du Troisième Reich qui a envahi, et occupe désormais, la majeure partie de l'Europe occidentale, dont la Belgique. Deuxième question : quand ? Six mois après la guerre-éclair et la Campagne des dix-huit jours, la Belgique subissant les rigueurs de l'Occupation. Comme nous l'avons indiqué précédemment, jusqu'en juin 1944 la Belgique occupée jouissait (si on peut dire) d'une *Militärverwaltung* (administration militaire) avec à sa tête A. von Falkenhausen, général peu sensible à l'idéologie nazie, contrairement à d'autres pays occupés, comme la Hollande, qui connaissaient une *Zivilverwaltung* (administration civile) et étaient dès lors livrés aux méthodes de la SS sous la responsabilité de Himmler. Ce fut aussi l'époque où l'Allemagne avait enregistré un premier revers – ou un non-succès –, à l'issue de la Bataille d'Angleterre, et où le noyau du Gouvernement belge avait rejoint Londres pour continuer le combat aux côtés des Alliés. Rappelons aussi que la rencontre intervient après une série d'autres contacts d'Hitler avec des dirigeants alliés (Mussolini) sympathisants (Franco), voire liés par un armistice (Pétain, Laval) ou un pacte (Molotov). Troisième question : où ? Question majeure, car depuis toujours la diplomatie attache au lieu des rencontres une importance capitale. Ainsi, se rendre à un endroit où l'on est « ailleurs », à l'étranger, voire chez l'adversaire ou l'ennemi, là où au contraire son interlocuteur, son hôte, est chez lui, dans son « repaire », c'est déjà accepter un lien de dépendance augurant mal du résultat. En l'occurrence, si le rendez-vous avait été fixé à Yvoir, comme prévu un mois plus tôt, le sens de la démarche n'eût peut-être pas été fondamentalement différent, mais la résonance qu'elle a eue dès l'annonce de la visite, et plus tard pendant la Question royale, eût probablement été moins ravageuse. On comprend donc la réaction du général R. Van Overstraeten qui note dans son journal : « C'est bien contrariant. Yvoir aurait été tout différent. »[52]

[52] Cité par le *Recueil de documents établi par le Secrétaire du Roi concernant la période 1936-1950*, p. 415.

6.2. Une décision déconseillée, voire désapprouvée ?

Pour bien situer le sens de la démarche, écartons d'abord un argument tiré de l'interdiction de communiquer avec l'ennemi en temps de guerre. Si cette règle s'appliquait à la lettre en limitant les contacts avec des interlocuteurs amis ou neutres, elle achopperait à la difficulté, voire à l'impossibilité, d'amorcer ne fût-ce que des préparatifs de pourparlers de paix. Après tout, avec qui discuterait-on efficacement de la fin des hostilités sinon avec l'adversaire ? Les belligérants savent bien que tôt ou tard – même s'ils espèrent le plus tard possible ! –, il faudra serrer la main de l'ennemi, fût-ce en présence d'un monsieur bons offices ou d'un dirigeant ami commun des parties en lice. Notons en outre que, dans l'immédiat après-guerre, le signal de ce message était souvent parasité par un anachronisme rampant, comme si ce n'était pas le Führer triomphant que Léopold III était allé voir, mais l'abominable dictateur, responsable d'innombrables crimes contre l'humanité, dont on savait désormais qu'il avait perdu la guerre.

Les nombreux hommes et femmes politiques qui ont regretté, voire condamné, la visite de Léopold III au Führer, l'ont fait avec des arguments qui relèvent des trois questions évoquées précédemment. D'abord, disent-ils, si tant est que des pourparlers s'imposaient en vue d'améliorer les conditions des Belges sous l'Occupation, appartenait-il au Roi de se déplacer et de s'engager en personne, dégarnissant ainsi la Couronne ? En avait-il d'ailleurs le droit étant le devoir d'abstention qui le frappait en tant que prisonnier et qu'il invoquait à d'autres occasions pour justifier son absence d'initiatives ? Ensuite, étant donné l'évolution des fronts en Europe et la présence d'un Gouvernement belge reconnu à Londres, était-il politiquement et militairement opportun de faire un geste que le camp des Alliés ne pouvait interpréter que comme l'expression d'une allégeance au chef du camp adverse ? Enfin, fallait-il accepter de se rendre non seulement dans le pays même de nos envahisseurs, mais encore au centre de décision de leur chef, le « nid d'aigle » bavarois, surchargé qu'il était de symbolique fasciste et guerrière ? Il est vrai que la plupart de ces questions, souvent rhétoriques, ne se sont fait jour qu'après la Libération, en fonction d'actions politiques parfois fort éloignées de la recherche historique désintéressée. Cela donne par contraste une plus grande acuité à des interventions datant d'une époque non suspecte, comme celle, reprise par le *Livre Blanc*, du banquier P. de Launoit et de l'avocat à la Cour de cassation R. Marcq, qui à la veille du déplacement mirent en garde L. Frédéricq, chef de cabinet du Roi, contre les dangers d'un entretien politique avec le Führer. Le Souverain aurait répondu : « Dites à ces messieurs qu'il n'est pas question de pourparlers politiques. » Selon le *Recueil*, même R. Van Overstraeten témoigne que, quelques heures avant le départ, une délégation dont il n'évoque pas la composition, vint au Palais protester contre le projet, au motif qu'un entretien avec Hitler risquait d'entraîner nombre de problèmes politiques. Dans ce contexte P. Struye, observateur bien introduit, note le 19 novembre – date de Berchtesgaden, mais l'auteur l'ignorait – : « Marcq me parle à mots couverts, et très sombres, de nouvelles très inquiétantes sur l'état d'esprit de "l'entourage du Roi". Semble craindre initiative pro-allemande du souverain. »[53] Par ailleurs, début novembre, le même P. Struye et une douzaine de parlementaires ou de juristes, avaient dans une lettre au chef de cabinet, mais sans être au courant du voyage qui se préparait, émis un signal dissuasif contre un courant qui poussait à la formation d'un nouveau Gouvernement chargé d'ouvrir des négociations avec l'Allemagne. Ces avertissements ou réserves émanant de personnalités peu suspectes de défiance envers le Roi, prouvent que Léopold III devait être pleinement conscient du poids qu'en tant que Souverain il mettait dans la balance en voulant rencontrer Hitler, dont il était pourtant le prisonnier.

Pensait-il en outre que le moment était opportun ? On l'a vu, la possibilité d'une défaite allemande n'était encore pour beaucoup qu'un espoir peu réaliste, mais la présence de son Gouvernement belge aux côtés des Alliés ne devait-elle pas constituer une objection de principe, voire un obstacle dirimant, pour un geste qui risquait d'être décodé comme un alignement sur la position non des Alliés mais des envahisseurs et occupants ? Quant à une visite

[53] Paul Struye, *op. cit.*, p. 164.

au repaire bavarois d'Hitler, on peut supposer que le Roi, comme son conseiller militaire cité plus haut, aurait préféré Yvoir ou quelque terrain neutre. Néanmoins, sa sœur Marie José n'avait-elle pas plaidé un mois plus tôt pour un rendez-vous selon les meilleures convenances du Führer ? Et son frère n'avait-il pas insisté pour que la rencontre puisse se faire en toute discrétion ? C'est apparemment en tenant compte de ces souhaits qu'Hitler avait opté pour Berchtesgaden. On le voit, la question ne se laisse trancher qu'en rapport avec celle traitée précédemment : de qui émanait l'initiative ? Comme c'est souvent le demandeur qui dépend des convenances de son hôte, surtout quand il se fait insistant, et qu'il est établi que depuis le 22 juin Léopold III avait introduit plusieurs demandes en ce sens, il n'est pas étonnant qu'il ait dû s'aligner, peut-être à son corps défendant, sur les disponibilités d'Hitler.

6.3. Des oublis significatifs

Le deuxième volet des critiques concerne le contenu de l'entretien de Berchtesgaden. On a vu que le Roi conteste le rapport Schmidt, accusant l'interprète d'avoir *transposé* certaines paroles, par exemple, celles concernant des *accords en matière militaire et de politique internationale* que la Belgique devrait conclure. En réalité, dit-il, *ce n'est pas moi mais Hitler qui les a prononcées.* On mesure le poids de l'accusation : si le Roi a suggéré cette concession, il a réduit le pouvoir de décision belge à une peau de chagrin et il l'a fait à l'insu de son propre Gouvernement à un moment où celui-ci avait clairement opté pour le camp des Alliés. Dès lors on comprend l'importance d'une réplique en défense du Roi. Celui-ci écrit que si l'on compare le rapport Schmidt avec le sien, on constate que le premier *n'est nullement une version fidèle mais un véritable habillage de l'entrevue.* Il ajoute *que si les lignes essentielles de la conversation ont été respectées, elle n'en a pas moins été profondément dénaturée.* En attendant de juger sur le fond, on peut dès à présent se demander si la charge n'est pas contradictoire à force d'excès, car on voit mal comment les expressions *véritable habillage* et *profondément dénaturée* peuvent s'accorder avec le constat que l'interprète a *respecté les lignes essentielles* de l'entretien. L'*habillage* et la version *dénaturée* ne concerneraient-ils donc que des lignes accessoires ou secondaires ? Pourtant, on l'a vu, le Roi lui-même a considéré ailleurs que l'indépendance nationale était *essentielle*. Il en a même fait un *préalable* aux autres questions qu'il souhaitait soumettre au Führer.

En juxtaposant les deux rapports, on ne peut qu'être frappé par les nombreuses lacunes dans celui du Souverain. Pour plusieurs d'entre elles la question peut se poser : s'agit-il d'un sujet que le Roi – ou son secrétaire ? –, a considéré comme marginal, de moindre importance, voire non pertinent ? Ou bien, est-ce le résultat d'un simple oubli, malgré l'importance que le Roi attache au fait qu'il fit la « dictée » *le soir même*, à un moment où les traces de l'événement étaient encore fraîches dans sa mémoire, et malgré que R. Capelle ait effectué sa mise au net dans la même soirée. Ou bien encore, la lacune est-elle due à la censure d'un propos trop compromettant pour être immortalisé dans un document écrit ? Posons d'abord la question pour la lacune la plus importante, celle qui concerne la prétendue concession que le Roi aurait faite concernant *les accords militaires et de politique internationale*. Rappelons avant tout que l'accusation de *transposition* n'est venue que plus tard, quand le rapport Schmidt est sorti des archives allemandes et qu'il a été utilisé comme pièce à conviction pour illustrer l'attitude pro-allemande de Léopold III sous l'Occupation. Dans le rapport même du Roi, ces propos ne sont prononcés ni par Hitler ni par le Roi ; ils y sont simplement absents. D'où la question : puisque le Roi accuse Schmidt de *transposition* de propos, puisqu'il maintient que c'est Hitler qui a évoqué la concession importante sur la politique internationale et militaire, pourquoi n'a-t-il pas, dans son propre rapport, mis cette intervention dans la bouche du Führer ? Sa réponse ne peut être que le sujet manquait d'importance, car il concernait directement la future indépendance de la Belgique, thème que le Roi avait abordé à cinq reprises. Pour la même raison, le simple oubli est encore moins concevable : comment aurait-il *le soir même* perdu de vue une condition qu'Hitler aurait mise à l'indépendance tant revendiquée ? Besoin de concision alors ? Mais pourquoi dans son propre rapport, le Roi laisse-t-il parler d'abondance Hitler, entre autres sur la production d'huile en Espagne, sujet qui n'a pas le moindre rapport avec les grandes questions qui le taraudent, et lui imposerait-il le silence dès qu'il aborde la question *essentielle,* qu'il a jugée *un préalable à toutes les autres* ? Bref, comme il a formulé lui-même l'accusation de *transposition de propos,* pourquoi ne cite-t-il pas dans son propre rapport les paroles non transposées ? Pourquoi y brillent-elles par leur absence ?

Faisons un pas supplémentaire : acceptons la version royale et imaginons, sur base de ce que nous savons de la situation, le bout de dialogue qui aurait pu y correspondre et où Schmidt, suivant l'accusation du Roi, aurait « inversé les rôles ». Dans cette conversation fictive, lorsque le Souverain aborde pour la énième fois la question de l'indépendance de la Belgique, Hitler l'aurait interrompu et posé ses conditions en lui tenant à peu près ce langage : « indépendance pour la politique intérieure, peut-être, on verra ; mais pour tout ce qui touche à la politique internationale et la défense, il faudra passer sous les fourches caudines du Reich ! » Si telles furent les paroles non transposées, demandons-nous quelle aurait pu être la réaction du Roi placé devant une telle exigence. Et quelles étaient les traces qu'on aurait pu en conserver dans un rapport écrit ? On le voit, si le souci majeur du rédacteur était de ne pas injurier l'avenir du Souverain, une prudence élémentaire commandait de faire silence sur cette partie de la conversation, de gommer cette partie de l'entretien, qu'elle fût transposée ou non.

Une deuxième lacune importante dans le rapport du Roi est celle concernant la propagande britannique. On en perçoit l'importance en suivant le rapport Schmidt, car elle est liée elle aussi à l'indépendance plaidée par le Roi. Quand Hitler déclare que les Belges, au lieu de se laisser influencer par la radio anglaise, devraient avoir compris que les Britanniques sont la cause de leur malheur, le Roi saisit la perche et répond en résumé : « Il faut comprendre mes compatriotes ; quand ils entendent les Anglais promettre l'indépendance après leur victoire, ils sont impressionnés. » Ici encore, comme souvent dans le langage diplomatique, les non-dits ont été plus importants que les dits. Constatons d'abord que du point de vue purement argumentatif – et contrairement à ce qui fut souvent allégué pendant la Question royale –, l'astuce rhétorique n'est pas à dédaigner. Pour quelqu'un qui vient plaider la (relative) indépendance de son pays et qui entend son interlocuteur attaquer les Britanniques, il est assez habile d'observer : eux au moins promettent l'indépendance ! (Sous-entendu : et vous, qu'est-ce que vous attendez pour me l'offrir ?) Malheureusement, cette réplique astucieuse est assortie d'une remarque compromettante : le Roi classe la promesse britannique parmi les annonces ridicules (*lächerlich* dans le rapport Schmidt). Or, on pourrait encore absoudre ce dédain, qui s'est avéré plus tard un mauvais pronostic, si la partie de la conversation d'où elle émerge n'indiquait pas un non-dit encore beaucoup plus profond, celui qui consiste à laisser entendre (ou à le suggérer tout en ne le disant pas) : c'est vous et vous seul qui pouvez nous accorder tout ou partie de notre indépendance. Dès lors, tout porte à croire que, au moment même où son Gouvernement envoie de Londres des signaux faisant de la victoire des Alliés la condition de l'indépendance future de la Belgique, le Roi entreprend une démarche visant le même objectif, mais en s'adressant au « maître du moment ». Faut-il chercher ailleurs la raison de l'absence de cette escarmouche verbale dans le rapport du Roi ?

6.4. Les intérêts sur la balance

Les historiens de métier, dont le souci exclusif est par définition la vérité historique, posent ici comme ailleurs la question ancienne : « *Cui fruit ?* À qui le témoignage est-il profitable ? » Ils ne sauraient donc retenir le raisonnement du Roi, qui revient à dire : « La preuve du caractère dénaturé du rapport Schmidt est qu'il est différent du mien », laissant entendre que ce dernier est la pierre de touche de la vérité. Ils cherchent l'origine des différences entre autres dans les motivations et n'écartent nullement la possibilité que les deux témoins aient pu, consciemment ou non, donner de l'entrevue une image conforme à leurs intérêts respectifs. Ils dressent donc l'inventaire des intérêts de chacun et trouvent ceux de l'interprète moins importants que ceux du Roi. À vrai dire le seul intérêt qui aurait pu guider Schmidt, et qui lui est imputé par le Roi et ses défenseurs, est celui de *complaisance à l'égard de son maître*. L'argument n'est certes pas négligeable, s'agissant d'un dictateur qui n'avait pas de scrupules pour écarter des membres de son entourage faisant preuve d'esprit critique ou simplement d'indépendance. On constate néanmoins que cette tendance du Führer alla en s'aggravant à mesure que le sort des armes lui fut moins favorable. Elle confina même à la paranoïa après l'attentat du 20 juillet 1944. Par contre, en novembre 1940, hormis la déconvenue de la Bataille d'Angleterre, le bilan de la conquête d'Europe pouvait encore être considéré comme largement positif. La crainte de déplaire au chef, ressort principal de la complaisance, est moins vive quand tout semble lui réussir, comme c'était encore le cas en 1940.

Toutefois, envisageons l'éventualité que la complaisance de Schmidt ait été plus un penchant invétéré qu'une attitude liée à la conjoncture. N'est-il pas resté l'interprète attitré d'Hitler de 1933 à 1945 ? Dans cette hypothèse, en vue de quoi sa complaisance l'aurait-elle poussé à déformer le rapport de l'entretien ? Si l'intention d'Hitler avait été en l'occurrence, comme c'était sans doute le cas en mai 1940, d'exploiter politiquement la visite du Roi des Belges pour dire à la face du monde : « Voyez comme je suis frayé non seulement par mes alliés, mais aussi par un monarque qui m'a combattu ! », les motifs d'enjoliver le rapport en ce sens auraient été évidents. Or, on sait que l'entrevue de Berchtesgaden ne fit l'objet d'aucun communiqué et ne fut donc pas utilisée pour la plus grande gloire du Führer, malgré le lourd ascendant du Département de la propagande de J. Goebbels. Le Roi aurait pu en souhaiter un, s'il avait obtenu satisfaction sur la demande réitérée de l'indépendance nationale. Mais à partir du moment où, sur ce point comme sur d'autres, son interlocuteur était resté inflexible, ou au mieux évasif, il s'imposait de s'en tenir à l'option première, la discrétion.

Par ailleurs, que sait-on des procédures suivies pour la rédaction, le contrôle et l'archivage des rapports d'entretien sous le régime d'Hitler ? D'abord que la remise d'une copie à l'interlocuteur n'était pas automatique. Le Roi des Belges, par exemple, n'en reçut point, ce qui l'incita à rédiger lui-même un rapport, on l'a vu, avec l'aide de son secrétaire R. Capelle. Ensuite, qu'Hitler ne contrôlait et ne modifiait le rapport de son interprète – souvent en biffant des passages qu'il jugeait redondants (ou trop compromettants ?) –, que quand une remise de copie à l'interlocuteur était prévue. Dans le cas contraire, le document était aiguillé directement vers les archives. D'où la question : pourquoi Schmidt aurait-il, par *complaisance envers son maître, profondément dénaturé* un rapport d'entretien, dont il savait que son maître ne le lirait pas ? Pour être complet, soupesons enfin l'idée que l'interprète n'aurait pas seulement voulu complaire à son maître, mais encore nuire au Roi. La question se pose alors : dans quel but ? Pouvait-il prévoir en novembre 1940 l'utilisation que ferait de son rapport le Premier ministre A. Van Acker dans son discours à la Chambre, le 20 juillet 1945, pour empêcher le retour du Souverain ? L'anachronisme, toujours à craindre quand il s'agit d'interpréter le passé, devient ici flagrant.

Si l'historien refuse de prendre le rapport du Roi comme la norme ou comme la version authentique de ce qui s'est passé et dit à Berchtesgaden, peut-il au moins lui accorder un crédit supérieur à celui de l'interprète Schmidt ? Si l'on se base sur le critère des intérêts respectifs des témoins, la réponse est négative. Il est probable que l'interprète n'avait pas une attitude d'une parfaite neutralité à l'égard de son maître. Mais que dire alors de ceux que les devoirs de leur fonction obligeaient à préserver et défendre à tout instant les intérêts du Souverain ? C'était le cas, on l'a vu, de R. Capelle, qui mit sa plume au service de la cause du Roi en rédigeant, sur base du rapport oral de celui-ci, la version « diplomatique » de l'entrevue. En comparant le travail des deux serviteurs, on ne peut accuser l'un de complaisance coupable et attribuer d'office à l'autre une objectivité parfaite. Le lecteur doit constater froidement que le premier rapport, basé sur des notes sténographiques en temps réel, est plus complet que celui basé sur la *dictée* du Roi et la mise au net consécutive de son secrétaire. Il remarque aussi que dans un rapport comparable, celui de l'entrevue du 17 octobre entre Hitler et la princesse Marie José – rapport autographe de la main même du Roi –, celui-ci avait déjà opportunément omis de mentionner, entre autres, la démarche de sa sœur en vue de lui obtenir un rendez-vous. Comme on l'a vu précédemment, il a toujours fait silence aussi – et *Pour l'Histoire* est une confirmation posthume de ce silence – sur les démarches de juin 1940 visant à obtenir une entrevue avec Hitler. Même s'il faut se garder d'en déduire, sans autre forme de procès, une volonté délibérée d'occulter des vérités gênantes, le précédent n'est pas de nature à renforcer le crédit du rapporteur. Celui-ci n'est en tout cas pas fondé à s'autoproclamer le seul ou meilleur garant de la vérité.

Quant à la question « Cui fruit ? » concernant l'exploitation des deux rapports dans l'après-guerre, pendant la Question royale et jusque dans l'ouvrage *Pour l'Histoire*, la chose est entendue : les intérêts du Roi ont pesé plus lourd que ceux d'un quelconque protagoniste de l'autre camp. En ce qui concerne l'interprète Schmidt, rappelons qu'il fut arrêté par les Américains à la Libération. Considéré d'abord comme criminel de guerre étant donné la fonction importante qu'il avait occupée dans la hiérarchie nazie, il fut mis hors de cause et libéré en mars 1948. Pendant les interrogatoires, il fit certaines déclarations favorables au Roi, qui suscitèrent la perplexité et furent diversement exploitées pendant la Question royale. Chez les défenseurs du Roi en particulier, un différend tacite naquit entre ceux qui voulurent exploiter ses appréciations flatteuses en faveur du Roi, et ceux qui, faisant référence à son rapport, mirent en exergue son appartenance nazie ou simplement sa nationalité allemande, pour lui dénier toute crédibilité.[54] Or, un témoin qui change de complaisance au gré des circonstances, comme semble l'avoir fait l'interprète – envers Hitler pendant la guerre, envers Léopold III après, quand il sait celui-ci en butte aux critiques –, doit être traité avec une égale circonspection. Cette réserve ne concerne toutefois pas son rapport pour la raison évoquée : même si une longue collaboration a pu susciter chez l'interprète une complaisance naturelle envers Hitler, celle-ci n'a pu déteindre sur un rapport dont son maître n'était pas censé prendre connaissance. Pour le rapport du Roi en revanche, le poids des intérêts s'apprécie autrement. On peut s'étonner que des secrétaires particuliers (R. Capelle puis J. Pirenne), une Commission instituée par le Roi (celle dite *Commission Servais*) et à plus forte raison le Roi lui-même, soient prêts à envisager la complaisance

[54] La critique historique attache une grande importance à la qualité du témoin. Or Schmidt était certes un observateur privilégié des paroles et gestes des deux interlocuteurs, mais étant Allemand, ne perdait-il pas l'essentiel de sa crédibilité ? C'est ce que sembla suggérer le Souverain dans son message à la Nation du 30 septembre 1945 : « On vous a dit, *en provoquant des témoignages d'Allemands*, que j'aurais été à Berchtesgaden afin d'y sauver la dynastie en vendant mon Pays. »

d'un interprète envers son maître, mais semblent se considérer eux-mêmes à l'abri d'un tel sentiment ou comportement. Ainsi, le secrétaire J. Pirenne, n'a pas été à même – impuissance au demeurant très compréhensible –, de concilier une fidélité indéfectible à la personne du Roi, dont il fallait favoriser, voire hâter, le retour, et la recherche de la vérité. Une commission de sages chargée de faire la part des choses à l'abri de toute considération partisane, n'est pas parvenue à faire abstraction des fonctions que son rapport aurait à remplir par la suite, la principale étant celle de permettre à Léopold III de reprendre l'exercice de ses pouvoirs constitutionnels. Quant aux partis politiques, qu'ils fussent favorables ou non au Roi, un pragmatisme à toute épreuve les poussa à s'intéresser moins à la vérité historique qu'à une version des faits favorisant leur poids respectif dans l'immédiat ou leur rayonnement dans un proche avenir. C'est ainsi que, pour les uns, Léopold III avait été le premier des résistants, pour les autres, le premier des inciviques. Ces appréciations contrastées n'avaient aucune chance de promouvoir la manifestation de la vérité, laquelle est en effet une pelote inextricable d'influences et d'intentions, quand on la rêve simple et franche. Force est d'ailleurs de constater que le Roi lui-même – et c'est encore le cas dans son ouvrage posthume –, ne s'est pas montré un exemple de coopération pour hâter sa manifestation. Au contraire, affirmer sans précaution oratoire *la vérité est que…* (ou écrire comme son secrétaire R. Capelle « La vérité a été dite par le Roi »), n'est-ce pas stopper net toute tentative d'éclairer les coins d'ombre qui subsistent ? D'autre part, brandir l'argument d'autorité en présentant son témoignage comme la norme, qui doit servir à évaluer, voire à confondre, les témoignages divergents, alors qu'on est à l'évidence juge et partie, n'est-ce pas manquer de l'humilité indispensable à la recherche contradictoire de la vérité ? Enfin, laisser subsister dans sa propre version des contradictions, comme celle de la « position dialogique pervertie », les maintenir *ne varietur* tout au long des décennies et jusque dans une publication posthume, malgré les analyses approfondies de *nombre d'historiens* qui les ont mises en évidence, n'est-ce pas se situer au-dessus de la vérité ?

7.

Une histoire de mentalités

Le Souverain, on l'a vu, relève parmi les pires lèse-majestés commises par ses adversaires, celle de lui faire des *procès d'intention.* Cette expression courante, qui couvre une importante réalité juridique et psychosociale, mérite un instant de réflexion et d'analyse. On ignore encore si l'intention comme telle existe dans le monde animal, malgré certains comportements qui y font penser. En tout cas, dès qu'il y a société humaine, avec les relations spécifiques qui en découlent, il n'y a pas à proprement parler de comportement conscient – ou d'attitude, de geste, de parole – qui se laisse décoder sans qu'on tienne compte des intentions. Au point que les travaux actuels en pragmatique de la communication verbale en ont fait un axe central.[55] Ils sont fondés sur un axiome impliquant que l'analyse d'un énoncé ou d'un dialogue – mais cela vaut aussi pour les actes –, ne sera complète que quand on aura pris en compte les intentions dont ils procèdent ou qu'ils reflètent. Ce qu'analysent alors les spécialistes est basé sur les mêmes principes que ceux appliqués spontanément par l'homme de la rue dans l'interaction de la vie quotidienne, à savoir que cette interaction, verbale ou autre, n'a de chance de réussir que si de part et d'autre on présuppose l'existence d'intentions dans le chef des acteurs ou locuteurs.

[55] Kristin Börjesson, « L'interface sémantique-pragmatique : Le rôle des intentions du locuteur et la nature des aspects pragmatiques du sens », *Langages*, 201 (1/2016), p. 15-31. Pour une approche plus générale du problème, voir Jacques Moeschler et Anne Reboul, *Dictionnaire encyclopédique de pragmatique*, Seuil, Paris 1994.

7.1. Des « procès d'intention » ?

Ces intentions peuvent être favorables, défavorables ou quelconques, mais elles procèdent de volontés, de velléités, de motifs, de désirs, de tendances, avec les stratégies discursives et opérationnelles y afférentes. Or, ces comportements, gestes et paroles sont par définition susceptibles de perception directe, alors que les intentions qui les inspirent sont tantôt cachées, tantôt objets de reconstitution par inductions et inférences, si bien que les uns et les autres ne sont pas nécessairement sanctionnés par les mêmes jugements de valeur. Ainsi, un geste ou un énoncé à première vue favorables peut cacher une intention qui l'est moins, comme une attitude ou parole condamnables peut être motivées par une intention louable. Pour excuser une action qui s'est avérée néfaste, on peut très bien faire l'analyse que « cela partait d'un bon sentiment ». De même, pour dénoncer une démarche apparemment bénéfique, on peut très bien arguer que le résultat est à l'opposé de l'intention. Dans les deux cas, l'évaluation de ce qui se perçoit se fait sur la base d'une analyse de ce qui se dérobe à la perception, autrement dit, l'appréciation résulte d'un « procès d'intention ». Il faut toutefois constater que l'expression, par l'usure normale d'un matériau linguistique et juridique très exploité, a fini par ne plus dénoter que le côté défavorable de l'action. En effet, faire à quelqu'un un « procès d'intention », c'est désormais lui imputer presque d'office une intention mauvaise, voire inavouable ou criminelle.

On comprend dès lors pourquoi le Roi considère comme le comble de l'infamie que *certains auteurs* lui ont fait *même des procès d'intention*. À l'évidence il n'entend pas interdire aux historiens de lui imputer des intentions. Il se livre volontiers lui-même à cet exercice pour lire le sens des décisions des ministres[56], du Gouvernement britannique ou de ses adversaires. Il les revendique même explicitement pour sa propre action en écrivant, par exemple, concernant

[56] Ainsi, au chap. III de *Pour l'histoire,* l'auteur affirme (p. 17) que la politique militaire de Devèze *avait pour but réel de se faire passer aux yeux de l'opinion wallonne comme le premier des ministres qui ait réellement à cœur de défendre toute la Wallonie.* Interprétation en partie vraie, sans doute, mais procès d'intention sûrement !

ses *refus réitérés de rencontrer le Führer : je voulais gagner du temps.* Ou bien, en conclusion de son témoignage sur son entretien avec Hitler : *la vérité est que je me suis rendu à Berchtesgaden pour obtenir* etc. Autrement dit : en m'y rendant, j'avais « l'intention » d'obtenir, etc. Situation sans ambiguïté, puisque le Roi, chroniqueur de sa propre action politique passée, dit ce qu'il a fait et dans quelle intention il l'a fait. L'historien ne prétend pas procéder autrement, qu'il se penche sur l'action d'Alexandre le Grand, de Louis XIV ou de Léopold III. À la différence notable toutefois, que n'étant pas à la fois sujet et objet de son analyse, il ne peut se permettre de procéder ni par introspection ni par autojustification. Ayant enregistré un maximum de faits, de paroles, d'actions, de circonstances, pour autant que des humains les aient provoqués ou subis, il tente de reconstituer un événement ou une situation en partant du principe que les intentions des acteurs en ont été un levier important. En sorte que l'analyse de celles-ci devient un élément indispensable à leur « mise en intrigue ».

Or, certaines intentions sont évidentes, d'autres font l'objet de conjectures sans fin. Ainsi, pourquoi le 24 mai 1940, alors que les colonnes blindées allemandes progressent à la vitesse du Blitzkrieg vers Dunkerque, Hitler leur interdit-il de dépasser la ligne Lens-Gravelines ? Sans ce *Haltbefehl* (ordre d'arrêt) en effet, elles auraient pu encercler et capturer tout ou partie du corps expéditionnaire anglais. Volonté du Führer de ménager l'avenir en espérant une paix séparée avec l'Angleterre ? Intention de réserver le gros des chars pour d'autres conquêtes, les armées prises dans la nasse des Flandres étant condamnées à terme ? À l'intérieur de la Wehrmacht, rivalités entre la Luftwaffe de Goering et les blindés de Guderian qui se trouvaient à 15 km de Dunkerque ? Chaque spécialiste de l'histoire militaire[57] applique en l'occurrence un « procès d'intention » au sens neutre du terme, qui soit en confor-

[57] À notre connaissance, l'analyse la plus pertinente du contexte militaire est celle de Jean Vanwelkenhuyzen dans *« Miracle » à Dunkerque. La fin d'un mythe*, Racine, Bruxelles, 1994. Un autre « procès d'intention » est celui de Henri Bernard, *Panorama d'une défaite*, Duculot, Gembloux-Paris, 1984. De son côté Ludo De Vos, *La Belgique et la Seconde Guerre mondiale*, Racine, Bruxelles, 2004, p. 87 évoque même, pour expliquer l'ordre d'arrêt, la durée de vie des chars et leur besoin d'entretien.

mité avec les données factuelles dont il dispose. Autrement dit, on ne saura vraiment ce qui s'est passé, que quand on aura compris les raisons qui ont poussé Hitler à donner cet ordre d'arrêt. S'interroger en l'occurrence sur les intentions des uns et des autres n'est pas une affaire de jugement moral, mais bien plutôt un exercice de pure rationalité, dans la mesure où la « mise en intrigue » que constitue toute historiographie ne se comprend que si les acteurs qui accomplissent les actions rapportées sont mus par des intentions.

7.2. Choisir son camp

Un jugement que le Roi aurait à coup sûr considéré comme un procès d'intention est celui de Serge Moureaux : « Quand on analyse Berchtesgaden, ses prémices, sa négociation, son déroulement, on constate que l'entrevue s'inscrit dans une tentative politique de Léopold III de retrouver un espace politique suffisant pour justifier la reprise – même partielle – de ses fonctions de chef de l'État, et cela en pleine guerre. »[58] Un tel procès présente peut-être l'avantage de fournir une explication rationnelle à un comportement qui, sans lui, relèverait d'une stratégie erratique ou des coups imprévisibles du sort. Néanmoins, pour en évaluer le sens, il faut se demander s'il ne présuppose pas une intention plus profonde, basée sur la connaissance que le Roi devait avoir de la situation internationale de l'époque et l'idée qu'il se faisait de l'avenir proche ou lointain. Car si gouverner c'est prévoir, le faisceau intentionnel d'un homme politique avisé se situe souvent dans le droit-fil de l'analyse qu'il fait de la situation présente et de l'évolution qu'il en attend. Autrement dit, sa décision est basée sur un raisonnement qui prend la forme suivante : « étant donné la conjoncture actuelle telle que je la perçois et son évolution telle que je la prévois, je fais ceci dans l'intention d'arriver à cela ». Une question fondamentale pour cerner les intentions de Léopold III en novembre 1940 est dès lors celle de savoir quelles étaient à cette époque ses prévisions, avec les appréhensions, espoirs, craintes et calculs qui en découlaient. Durant la Question royale, tant ses défenseurs que ses

[58] Serge Moureaux, *op. cit.*, p. 95.

adversaires ont d'ailleurs focalisé sur elle l'attention et les historiens n'ont pas manqué de lui accorder un intérêt soutenu. Malgré toutes les simplifications que cela comporte, on peut la résumer ainsi : après six mois de guerre, Léopold III était-il convaincu, en novembre 1940, de la victoire finale de l'Allemagne ou de celle des Alliés ? Écartons une fois de plus la réponse anachronique de ceux qui ont tout prévu *post eventu*, reprochant au Roi de ne pas avoir eu en 1940 la clairvoyance qui ne les a visités qu'en 1945. Il n'en demeure pas moins que tant le Gouvernement belge à Londres que le Roi resté en Belgique devaient avoir des intentions qui cadraient avec tel pronostic, des souhaits conformes à tels plan ou calcul.[59] Si l'on base toute son analyse sur l'idée que le Roi n'a jamais douté de la victoire des Alliés, comme semble le faire la Commission Servais, cela peut expliquer certains de ses faits et gestes, mais pour nombre d'autres décisions, et pas des moindres, comme le voyage à Berchtesgaden, force est d'admettre qu'on ne trouve ni explication ni justification satisfaisantes.

Il est difficile, voire impossible, de cerner les intentions qui furent à l'époque celles du Souverain sans tenir compte de la situation militaire depuis le déclenchement des hostilités et les nouveaux rapports de force qui en avaient résulté. Certains historiens spécialistes de cette époque ont tendance à mettre l'histoire militaire entre parenthèses, parfois en l'avouant explicitement[60], et à l'isoler ainsi des autres facteurs qui composent leur champ d'investigation. S'agissant de la Belgique, cette tendance pourrait se défendre à première vue, au motif qu'après la Campagne des dix-huit jours, où le facteur militaire avait par définition été prédominant, celui-ci avait dû céder la place à ceux de la politique, de la diplomatie et de l'économie de guerre sur fond d'Occupation. Toutefois, limiter

[59] Paul Struye, *op. cit.*, p. 165 note le 15 novembre (quelques jours avant Berchtesgaden) : « Frédéricq (…) m'a répété, avec conviction émue, son admiration pour le caractère et l'intelligence du souverain "qui ne fera jamais rien de contraire aux intérêts du pays". À vrai dire, ce n'est pas tout à fait la question. Il s'agit de savoir si, sous l'influence de certains conseillers acquis à l'idée de la victoire allemande, il n'envisagerait pas un jour l'intérêt national sous l'angle opposé à celui des "résistants". »

[60] Ainsi Jean Stengers, *op. cit.*, p. 25 : « Notre sujet n'est pas l'histoire militaire. »

l'angle de vue à cette brève campagne dans un espace réduit, alors que la guerre est devenue continentale et que tout indique qu'elle est en passe de devenir mondiale – l'Allemagne attaquera l'Union soviétique en juin 1941 et Pearl Harbor se profile à l'horizon de décembre 1941 –, n'est-ce pas séparer artificiellement le domaine politique et diplomatique du domaine militaire ?[61] Or, au vu des témoignages de l'époque, il est incontestable que le Roi ne les sépare pas, qu'il fonde même la plupart de ses diagnostics politiques ou diplomatiques sur l'évaluation des forces militaires en présence et sur l'évolution de celles-ci. Sous cet angle, un exemple éloquent de ce type d'analyse est l'entrevue qu'il accorda à Paul Struye en mars 1941. Bien que postérieure de quelques mois à Berchtesgaden, elle corrobore des témoignages épars datant de l'automne 1940 et les rassemble dans un coup d'œil plus englobant, passant en revue la plupart des pays impliqués dans le conflit. Ces échanges à bâtons rompus, que Struye énumère dans une liste numérotée de 1 à 21, peuvent se résumer comme suit. En ce qui concerne la Belgique, le Roi a des paroles amères sur la perte d'une armée pour laquelle le pays s'était ruiné. Il se plaint aussi du peu de secours qu'elle a reçu, surtout dans le secteur aérien. Comparant les forces en présence, il constate la supériorité évidente de l'Allemagne. Il souhaite d'ailleurs que celle-ci la préserve, ne fût-ce que pour parer au danger du bolchevisme. Il prédit aussi que les militaires allemands sauront imposer la paix chez eux en soumettant le Parti à leur volonté. Face à la Wehrmacht, il salue le courage de l'armée anglaise, mais ne voit pas comment elle serait de taille à débarquer sur le continent pour en chasser les Allemands. Toutefois, comme les Britanniques ont l'esprit pratique, il s'attend à ce qu'ils cherchent une paix de compromis, ce qui serait à son avis la meilleure solution pour la Belgique. Il reconnaît aussi qu'ils ont bien fait de garder leur aviation en réserve, car c'est d'elle que pourrait dépendre l'issue finale de la guerre. (Ces paroles sont prononcées après la Bataille d'An-

[61] Michel Dumoulin, « Léopold III : les enjeux d'une controverse », *Cahiers d'Histoire du Temps Présent*, n° 10, 2000, confirme que d'aucuns avouent cette mise entre parenthèses (il cite Jean Stengers), mais ajoute que d'autres (Roger Keyes et Jean Cleeremans), ayant « rétabli la vérité » (guillemets de l'auteur) en se concentrant sur le terrain militaire, déduisent de la démonstration que toutes les autres mises en cause ne sont que mensonges et vilenies.

gleterre, où l'aviation anglaise a damé le pion à celle de Goering.) Il porte des jugements sévères sur la France, qui « a sous-évalué son infériorité militaire », mais est élogieux pour Giraud et surtout pour Pétain « qu'on a raison de vénérer ». Enfin, parlant des États-Unis, il croit savoir que le moral de leurs troupes n'est pas bon et il redoute leur influence dans les affaires européennes. De cette évaluation comparative des forces et faiblesses des uns et des autres découle son impression générale qu'on assiste à une « révolution mondiale » qui changera l'Europe de fond en comble, « quelle que soit l'issue de la guerre ».

S'il ne fallait retenir de ce plan panoramique que les crêtes les plus saillantes, on pointerait volontiers les satisfecit que le Roi accorde à la fois aux Allemands et aux Britanniques, avec comme conséquence logique, son pari sur « une paix de compromis ». Car si d'un côté, « l'Empire britannique ne peut être détruit » et que de l'autre, on ne voit pas les Anglais « débarquer et chasser les Allemands », le réalisme les poussera tôt ou tard à s'entendre et la Belgique pourrait en profiter pour recouvrer une part de son indépendance. Dans cette optique, son interlocuteur suggère d'ailleurs le précédent de la Paix d'Amiens[62], sans rappeler toutefois qu'elle ne fut respectée que l'espace de quelques mois. Est éloquente aussi l'évocation défavorable des deux grands, dont on sait aujourd'hui que leur rôle fut déterminant dans l'issue du conflit : le Roi ne semble apprécier ni les Soviétiques – le danger bolchevique ! –, ni les Américains, dont il craint l'intervention en Europe. Tout compte fait, si cette évaluation globale permet de préciser certaines attentes ou prévisions du Souverain, il n'est pas encore de nature à faire toute la clarté sur son choix. La note n° 9 de Struye comporte d'ailleurs une remarque relativiste sur l'indépendance et se termine par un propos sibyllin qui fut diversement apprécié depuis lors : « Risquons fort de ne plus être tout à fait indépendants après la guerre. Mais l'étions-nous totalement avant la guerre, sur le terrain économique notamment ? À vrai dire, entre hégémonie allemande et hégémonie anglaise, impossible d'hésiter. » Sur ce dernier point, le lecteur reste perplexe. Car si l'hésitation est im-

[62] La Paix d'Amiens, appelée aussi *Trève d'Amiens*, conclue en 1802 entre la France et l'Angleterre, où la première renonça à l'Égypte et la seconde rendit ses conquêtes, sauf Ceylan et Trinidad.

possible selon le Roi, laquelle des deux faut-il choisir ? On conçoit sans peine que P. Struye[63] ait interprété cette note comme de l'eau apportée à son moulin, c'est-à-dire dans le sens : il faut choisir sans hésitation l'hégémonie anglaise. Pourtant, à peu de temps de là, dans une confidence à son secrétaire R. Capelle, le Roi associe l'indépendance relative d'avant-guerre à « l'internationale, la juiverie, le gros capitalisme » et il ne considère pas comme « contraire à l'honneur » qu'après la guerre, « quel que soit le vainqueur », la Belgique soit obligée de suivre ou bien les règles imposées par Paris et Londres, ou bien les instructions venant de Berlin. À l'évidence, de tels propos ne vont pas dans le sens d'un « choix sans hésitation » pour l'un des deux camps en lice. Ils laissent plutôt entrevoir des calculs attentistes considérant les deux camps comme également restrictifs de notre indépendance. En somme, durant la première année de guerre, l'issue de celle-ci semble avoir été pour le Roi, « quel que soit le vainqueur », une affaire de « pareil au même ». Pour utiliser une expression populaire, on dirait qu'à son avis c'était « blanc bonnet et bonnet blanc », chaque terme du dilemme ayant ses avantages et ses inconvénients.

7.3. Deux fers au feu ?

Acceptons pourtant l'interprétation de P. Struye après son entrevue avec le Souverain. Celui-ci « paraît très au courant de l'état de l'opinion et notamment de l'anglophilie croissante et de l'opposition à l'occupant. Il est manifeste que les accusations ou soupçons de germanophilie sont injustes en ce qui le concerne. »[64] Fort de cette appréciation élogieuse, faisons l'hypothèse la plus favorable au Roi et voyons où cela nous mène. On est donc en présence d'un Souverain qui a capitulé en mai 1940, s'est constitué prisonnier, est frappé – selon la décision de son Gouvernement –

[63] N'oublions pas qu'à cette époque Paul Struye ne fut pas seulement un observateur éclairé, à la fois royaliste et anglophile quand cette combinaison n'était pas encore très courante, mais que ses compétences avaient été à diverses reprises mises à profit par le Palais, entre autres pour donner de la Campagne des dix-huit jours et de la capitulation une version qui plût à la fois à l'occupant et à la Cour.

[64] Paul Struye, *op. cit.*, p. 190.

par l'impossibilité de régner « du fait de l'ennemi » et a reçu en juillet de son geôlier l'interdiction formelle de s'occuper de politique. D'abord rétif à la fréquentation d'Hitler, il a apparemment viré sa cuti et tenté à plusieurs reprises d'obtenir de celui-ci un rendez-vous, d'abord en le souhaitant incognito, ensuite aux meilleures convenances de son hôte. Quand la date est fixée et que le voyage se prépare, il passe outre aux mises en garde de membres de son entourage en alléguant le caractère non politique de l'entrevue. Ce qu'il dit redouter néanmoins, c'est que le Führer l'oblige à reprendre l'exercice de ses prérogatives constitutionnelles. Au reste – c'était notre hypothèse favorable –, il est intimement convaincu de la victoire finale des Alliés. Son Gouvernement, qui s'est établi à Londres, l'est si possible encore plus, se trouvant au quartier général de leur camp et mettant tout en œuvre pour que cet espoir se réalise. Quelles peuvent donc être les intentions qui animent un Léopold III, tablant sur la future victoire des Alliés, lorsque plusieurs mois durant, il tente d'obtenir un rendez-vous avec le chef du camp adverse, qu'avec la même perspicacité – car celle-ci dépend de celle-là et inversement – il voit déjà comme le futur perdant de la Deuxième Guerre mondiale ? Nous connaissons la réponse qu'il donne lui-même. Elle est double. D'une part, pour résumer une demande à plusieurs volets, il veut « améliorer le sort de ses compatriotes sous l'Occupation » ; d'autre part, il souhaite obtenir des assurances concernant la future indépendance nationale – après « la paix générale », s'entend –, et l'intégrité du territoire. Quant à la première demande, on connaît la situation qu'elle vise à améliorer. Elle est certes préoccupante, mais c'est une administration militaire, préférable à l'administration civile, qui sévit par exemple en Hollande, pays dont la reine a préféré s'exiler à Londres, et qui est simplement annexée au Reich et administrée par la SS de Himmler. Mais là n'est pas le nœud du problème. Car même si la Belgique occupée avait connu le sort de la Hollande, pourquoi, à supposer que l'intention du Roi était d'en éliminer les effets les plus nocifs, compter sur le bon vouloir d'un despote, qu'on considère d'ores et déjà comme le futur perdant ? Ne valait-il pas mieux alors, le temps travaillant en faveur des Alliés, faire le gros dos, supporter tant bien que mal une adversité, cruelle certes, mais passagère, pour se situer sans équivoque dans le camp des vainqueurs le jour de la victoire ? Puisque, selon notre hypothèse, le Roi n'avait aucun doute sur l'identité de ceux-ci ?

La deuxième demande est encore plus difficile à comprendre, toujours à supposer que le Roi – comme le suppose P. Struye et essaie de le prouver la Commission Servais – n'ait jamais douté de la victoire finale des Alliés. Comment expliquer, en effet, qu'un Souverain pétri de cette forte conviction, tâche d'obtenir depuis juin 1940, et obtient finalement en novembre, une entrevue compromettante au possible, avec le chef des envahisseurs de son pays, dont il est intimement convaincu qu'il sera perdant à terme ? Comment comprendre qu'il lui demande instamment, à plusieurs reprises selon son propre rapport, de sauvegarder l'indépendance de la Belgique ? (*Puis-je donner l'assurance, en rentrant en Belgique, que notre indépendance sera rétablie* ?) Ce qu'on conçoit à la rigueur, et l'on ose espérer que nos arguments y ont contribué précédemment, c'est que le Roi vise l'indépendance future, même restreinte, après une paix de compromis. Mais même dans ce cas, un Souverain, profondément attaché à son serment d'observer l'article 80 de la Constitution, va-t-il traiter avec un adversaire, qu'il sait perdu à terme, afin de lui soutirer quelque promesse d'autonomie partielle par définition provisoire ?

Devant l'invraisemblance d'un tel comportement, où le pari sur une victoire des Alliés et les intentions proclamées *a posteriori* ressemblent au mariage proverbial de la carpe et du lapin, ne tombons pas sans transition dans le verdict inverse, disant que le Souverain avait bel et bien tablé sur une victoire allemande, espérait même que les ministres londoniens – qu'il ignorait depuis Wynendaele et surtout depuis Limoges – avaient choisi le mauvais camp et qu'à l'image de Pétain en France, il comptait bientôt régner sur tout ou partie du pays avec l'aval et le soutien du Führer. Ce procès d'intention, qui expliquerait sans doute certains faits et témoignages connus, voire en expliquerait un plus grand nombre, reviendrait cependant à négliger une position intermédiaire, prudente ou, si l'on préfère des qualificatifs plus marqués, attentiste, floue, voire peu courageuse. Elle aurait consisté à ne pas mettre tous ses œufs dans le même panier, à jouer un double jeu, pas très honorable, certes, mais qui constitue parfois la seule solution à la portée du plus faible dans une partie serrée. À ce propos, A. de Staercke, dont les Mémoires sont loin d'être dénués de prévention contre Léopold III, pense pouvoir baser le procès d'intention pro-allemand de celui-ci sur une anecdote qu'il juge significative. Au matin du 20 mai, apercevant les avions allemands qui sillonnent le ciel bleu au-dessus de Bruges sans lâcher leurs bombes, le Roi dit à H. Pierlot : « Vous voyez, ils nous ménagent ! » Et l'auteur de conclure qu'en parlant ainsi, Léopold III « laissait déjà entrevoir le sentiment dont son âme était pleine, l'espoir de s'entendre bientôt avec un triomphateur dont il interprétait la mansuétude comme un heureux présage ».[65] Peut-être ! Mais n'est-ce pas aller un peu vite en besogne que de déduire d'une simple exclamation une attitude aussi extrême ? Admettons plutôt qu'une telle réaction n'eût pas été désavouée par les habitants de Bruges et par les réfugiés qui s'y étaient amassés, et dont la plupart préféraient à coup sûr ce spectacle aérien aux piqués terrifiants des stukas. Quant aux sentiments que les paroles révèlent, c'est un domaine où l'historien ne peut s'avancer qu'avec d'infinies précautions. Or, le procès d'intention pro-allemand fait à Léopold III s'inspire souvent de la considération imprudente que la conjoncture militaire correspondait non à ses craintes, mais à ses souhaits. Ne la rapprochait-elle pas de l'échéance où, après avoir signé une paix de compromis, il aurait eu les mains libres pour exercer un « pouvoir fort » à l'abri de l'instabilité du régime parlementaire tant décrié d'avant-guerre ? Or, quand on avance sur cette voie en forme de plan incliné, on risque d'aboutir insensiblement à un point où l'on impute au Roi l'intention non seulement de prévoir, mais aussi d'espérer une victoire allemande. C'est ce que fait, dans son style digne de Thucydide, le même de Staercke en écrivant : « Quand on aime certaines idées, on ne reste pas indifférent à ceux qui les professent, surtout si l'on prévoit leur victoire. Et, ne fût-ce que pour ne pas avoir tort, on finit par souhaiter ce qu'on avait prévu. ».[66]

[65] André de Staercke, *op. cit.*, p. 48.

[66] André de Staercke, *op. cit.*, p. 53.

7.4. Le double jeu ou l'urgence d'attendre ?

Sans prendre cette option extrême, voyons ce que donnerait un procès d'intention d'une position moyenne ou médiane – qui serait, soit dit en passant, une attitude déjà en retrait par rapport au diagnostic pro-Alliés prôné par la Commission Servais. Elle consisterait à penser qu'en tant que chef d'État, le Roi se devait de peser les avantages et inconvénients de chaque solution et que, tout bien considéré et tenant compte du résultat catastrophique de la Campagne des dix-huit jours, il en était arrivé à considérer qu'il valait mieux que la Belgique « reprenne ses billes » et reste désormais en dehors du jeu, respectant une parfaite neutralité entre les puissances en conflit. Cette hypothèse est-elle tenable au vu de ce qu'enseignent les sources ? En tout cas, elle ne l'est pas si on ajoute foi au journal de R. Van Overstraeten, qui note le 28 octobre les paroles suivantes du Roi : « Je désire essentiellement que moi, je n'aie pas l'air de jouer sur les deux tableaux. »[67] Qu'est-ce à dire ? Une première analyse, qui ne tiendrait pas encore compte de la situation historique dans laquelle cet énoncé surgit, pourrait y distinguer deux sens, selon qu'on souligne ou non l'expression *avoir l'air*. Il y aurait d'une part le sens immédiat : « Je ne veux pas jouer un double jeu, j'ai fait mon choix. » ; et de l'autre, un sens second ou dérivé : « Ce que je veux pour l'essentiel, c'est maintenir deux fers au feu, à condition que cela puisse se faire en cachette de l'occupant, c'est-à-dire sans *en avoir l'air*. » Autrement dit encore, « ce que je ne voudrais pas, c'est *avoir l'air* de jouer un double jeu. » Or, on sait que la surveillance du Souverain était telle – qu'on songe aux « instructions de juillet » faisant suite au rapport secret d'E. Reeder, administrateur civil de la Wehrmacht à Bruxelles ! – qu'il ne devait pas se faire d'illusions sur les possibilités de cacher son jeu, si tant est qu'il le voulait double.

Tout autre est l'analyse quand elle s'appuie sur la situation d'énonciation. C'est celle d'une discussion sur l'attitude à adopter concernant la neutralité des colonies belges. Comme nous le verrons plus loin, les instructions de Berne avaient mis en évidence

[67] Raoul Van Overstraeten, *Sous le joug ; Léopold III prisonnier,* Didier Hatier, Bruxelles 1986, p. 86-87.

un différend entre les conceptions du Souverain – la stricte neutralité –, et celles du Gouvernement de Londres, en particulier du ministre A. De Vleeschauwer, la mise à disposition des ressources du Congo au camp des Alliés. Or, le 28 octobre, le Roi revient sur la note du baron P. van Zuylen, directeur général de la politique des affaires étrangères, et suggère d'envoyer un émissaire à Léopoldville pour éviter que « aux yeux des Allemands, nous ne menions double jeu ». C'est dans ce contexte que doit se lire, selon le souvenir de R. Van Overstraeten, la réponse de Léopold III : *je ne veux pas jouer sur les deux tableaux.* Autrement dit, je veux qu'on sache que j'ai fait un choix sans équivoque. D'ailleurs, au cas où il resterait le moindre doute sur le sens de l'énoncé, le Souverain ajoutera le geste à la parole trois jours plus tard, en demandant à Hitler la permission d'envoyer un émissaire à Léopoldville pour que *je puisse à cet égard faire connaître d'urgence mon avis au Gouverneur général du Congo.* On connaît cet avis : pas question de laisser entraîner les colonies belges dans le conflit mondial (sous-entendu : pas question de mettre leurs ressources à la disposition des Alliés). On sait aussi que le Führer donna une réponse dilatoire, mais aurait dit à son entourage : « zu spät » (trop tard), prouvant par là qu'il était mieux informé que le Roi sur l'extension et la bipolarisation rapides du conflit.

Si le choix du Souverain était sans équivoque pour la neutralité, faut-il en conclure qu'il était incompatible avec le principe du « tiers exclu », voire d'un dilemme tel que : « qui n'est pas pour moi est contre moi », ou « qui n'est pas pour un camp est pour l'autre » ? On sait que dans l'entre-deux-guerres le roi Albert avait fait du principe de neutralité un des socles de la politique étrangère belge. Sur ce point, comme sur d'autres, son successeur lui avait emboîté le pas dès 1934. Or, la neutralité est dans le domaine politique le type même du tiers terme qui permet d'éviter ou de contourner les choix binaires. Elle n'est cependant valable que tant que le pays neutre n'est pas agressé. Dans le cas contraire, elle doit être abandonnée pour faire place à la guerre défensive contre l'agresseur. C'est le principe que les deux Souverains avaient respecté, le premier en 1914, le second en 1940. Mais contrairement à son père, Léopold III avait capitulé en mai 1940 et s'était constitué prisonnier en restant dans son pays occupé. La situation n'avait pas évolué en novembre, sauf que, on l'a vu, le Gouvernement légal de la Belgique – tout au moins un noyau de celui-ci –, avait gagné Londres, qu'on pouvait considérer comme le foyer de la résistance contre l'agresseur allemand. Or, dans les quelque six mois entre la fin de la Campagne des dix-huit jours et le voyage à Berchtesgaden, le Roi avait à plusieurs reprises fait des déclarations qui allaient dans le sens de la neutralité d'avant-guerre. On peut les résumer en trois points : (i) pour la Belgique, la guerre est terminée ; (ii) nous avons rempli tous nos engagements envers nos garants franco-britanniques ; (iii) il nous reste à observer une stricte impartialité entre les pays belligérants. En prônant (i) il exprimait indirectement son désaccord avec les « Londoniens » qui continuaient la guerre.[68] Par l'énoncé (ii) il laissait entendre que le camp des Alliés – on ignorait encore qu'ils seraient nos futurs libérateurs – ne devaient plus compter sur l'aide de la Belgique. Enfin, le principe (iii) exprimait le devoir pour celle-ci de tenir la balance égale entre les deux camps en lice. Or, si le tiers terme de la neutralité peut représenter une solution satisfaisante en temps de paix, surtout pour un petit pays coincé entre de grandes puissances, elle devient illusoire dès lors qu'on est occupé par l'une d'entre elles. Ne reste alors que le choix binaire, celui qui impose d'opter pour l'un des termes à l'exclusion de l'autre, quelle que soit par ailleurs la noblesse de ses intentions affichées ou réelles.

7.5. Le « for intérieur » mis entre parenthèses ?

Nombre d'historiens ont voulu prouver, parfois de façon convaincante, que le choix du Roi était dicté par son pari sur l'issue du conflit, lequel l'aurait fait tabler, comme beaucoup de ses compatriotes et contemporains en 1940, sur une victoire allemande. Quelle que soit la vraisemblance de ce procès d'intention au vu des faits ou des témoignages, on peut se demander si la question

[68] Paul Struye, *op. cit.*, p. 97. Le 27 juin 1940, l'auteur a une entrevue avec Frédéricq. On y aborde entre autres l'avis du Roi sur le texte de l'auteur concernant *la Campagne des dix-huit jours et la reddition de l'armée belge*. Struye note : « Roi approuve en général mon texte mais "suggère" quelques modifications. Significatif que ne tient pas à ce que j'écrive que l'état de guerre continue entre Belgique et Allemagne. »

n'est pas superflue étant donné le contexte conflictuel de l'époque. En effet, il est des circonstances, et la guerre est du nombre, où quel que soit le for intérieur des acteurs impliqués, toute action ou omission acquiert une coloration contrastée imposée par les rapports conflictuels. C'est déjà le cas du simple citoyen qui aura parfois à choisir entre la résistance et la collaboration. Ce l'est encore davantage pour celui ou celle qui exerce une responsabilité politique, intellectuelle ou morale. Dans ces circonstances, où les hostilités conditionnent tous les rapports, même la réserve et l'abstention se chargent de valeurs d'actes qui engagent la responsabilité suivant le niveau auquel on l'exerce. Une réaction comme celle de Georges Theunis, ambassadeur extraordinaire belge à Washington, illustre bien cette vérité première. Quand début septembre 1940 les « instructions de Berne » conseillent aux diplomates belges la correction et la courtoisie envers les Allemands, le diplomate répond au comte Louis d'Ursel, expéditeur de ces recommandations : « Ne voyez-vous pas que l'abstention dans un conflit de cette envergure est par elle-même une prise de position ? »[69]

Ce principe ne valait-il pas également, et même en premier lieu, pour Léopold III avisant sur l'attitude à adopter devant l'évolution désastreuse de la Campagne des dix-huit jours ? Un exemple éloquent permet de répondre à cette question. Le 25 mai 1940, quelques jours avant la capitulation, le Souverain adressa à Georges VI, roi d'Angleterre, une lettre dans laquelle il laissa entrevoir la fin de la Campagne et justifia sa décision de rester en Belgique. Un des motifs qu'il invoqua fut la « préoccupation essentielle d'empêcher mes compatriotes d'être associés à aucune action contre les pays qui ont aidé la Belgique dans sa lutte ».[70] Intention on ne peut plus louable, dira-t-on. Pourtant la Grande-Bretagne, qui faisait partie de ces pays, était en droit de se

[69] Cité par Jean Stengers, *op. cit.*, p. 150. Notons que cette réaction incisive lui fut inspirée par une lettre de l'attaché d'ambassade Hervé de Gruben.

[70] Cette lettre est reproduite avec sa version française dans *Pour l'Histoire*, p. 220. (On peut s'étonner que l'original en langue anglaise, adressée à un Souverain ami, contienne autant de coquilles et d'autres erreurs. On suppose que là aussi, comme pour la demande de contreseing rédigée par De Man, le Roi n'a pas eu le temps de corriger le document dactylographié.)

demander quelles étaient les conséquences pratiques de cette intention. Après la capitulation, le Roi pouvait-il éviter que son pays, en particulier la région côtière, avec les infrastructures tombées souvent intactes aux mains allemandes, fût exploité par l'occupant pour préparer l'invasion d'un pays « qui avait aidé la Belgique dans sa lutte » ? On devine ce que la question a de rhétorique quand on tient compte des nouveaux rapports de force en Europe depuis le Blitzkrieg allemand. Par ailleurs, les centaines de milliers de prisonniers, de même que les jeunes Belges réquisitionnés par le Service de travail obligatoire, qui seraient déportés en Allemagne pour y participer à l'effort de guerre, n'auraient certes pas l'intention de nuire à l'Angleterre, mais leur travail de prisonniers, qui dans l'agriculture, qui dans les usines d'armement, n'en serait pas pour autant neutre. Ainsi donc, le Roi pouvait-il avoir « l'intention » de ne pas s'associer ni d'associer ses sujets, aux actions contre les garants de la Belgique. Il pouvait même décider de s'abstenir, convaincu de tenir la balance égale entre les deux camps hostiles. Mais, quelle qu'ait été la noblesse de ses intentions, il ne pouvait empêcher que ses compatriotes fussent contraints de collaborer directement ou indirectement à l'effort de guerre contre les Britanniques. Les Allemands de leur côté, sans états d'âme sur le principe du « tiers exclu » qui domine toute guerre, exploitèrent à fond le territoire belge pour la préparation de la Bataille d'Angleterre. Et quatre ans plus tard, après le débarquement en Normandie, ils n'hésitèrent pas à préparer la destruction des infrastructures belges qu'ils avaient utilisées et qui risquaient de tomber bientôt aux mains des Alliés, la plus importante étant celle du port d'Anvers – destruction qui fut heureusement empêchée par la Résistance belge.[71] On voit par là qu'un pays pliant sous le joug de l'occupant a beau se croire ou se prétendre neutre, son abstention apparente est en réalité, et quoi qu'il en ait, non pas une adhésion aux volontés de l'ennemi certes, mais un acquiescement implicite à son action. Le cas d'es-

[71] Voir à ce propos André de Staercke, *op. cit.*, p. 48 : « Quand, au moment de la capitulation, il ne fit pas sauter les écluses de Zeebrugge en affirmant que ce serait une destruction inutile, alors cependant que Sir Roger Keyes, qui avait quelques raisons de le souhaiter, le lui avait demandé, pour quel motif était-ce sinon parce qu'il fallait arrêter les frais avec les hostilités ? Ce furent les Allemands, quatre ans plus tard, qui se chargèrent de détruire ce qu'on avait gardé pour eux. »

pèce prouve également que dans des situations conflictuelles aussi intenses, sonder le cœur et les reins des acteurs de l'histoire est certes utile, à condition toutefois de ne pas perdre de vue que leurs actes et omissions acquièrent un sens indépendant de leurs intentions ou sentiments, ce sens découlant simplement de leur portée pratique.

Quand même, fera-t-on remarquer, le voyage de Berchtesgaden, loin d'être une omission ou un laisser-faire, représentait une entreprise mûrement réfléchie, faite même en opposition à certains conseillers qui auraient préféré que le Roi s'abstienne. Dès lors, si déjà l'omission est en temps de guerre lourde de sens, que dire de cette action planifiée ? L'historien Jean Stengers, qui n'avance sur le terrain de la psychologie ou des motivations qu'avec une prudence de Sioux, répond bien à cette préoccupation quand il cherche non pas les intentions cachées de Léopold III à Berchtesgaden, mais la valeur d'acte de sa démarche et les conséquences qui devaient inévitablement en découler : « ...si le Roi, à Berchtesgaden, avait obtenu ce qu'il souhaitait, le résultat de l'entretien aurait été l'annonce publique de la garantie donnée à l'indépendance future de la Belgique. En d'autres termes encore, ceci eût donné de l'éclat à l'accord du Roi et du Führer sur l'idée que la guerre entre l'Allemagne et la Belgique était terminée. On ne demande évidemment pas de garanties d'une puissance avec laquelle on est en guerre. Léopold III réussissant à Berchtesgaden, et c'était la rupture officielle du Roi, sur le terrain de la guerre, avec ses ministres de Londres. »[72] Il faut donc se faire une raison : quelles qu'aient pu être les intentions du Roi en se rendant en Bavière, il ne pouvait empêcher que son geste acquière la valeur d'acte d'une reconnaissance d'Hitler comme seule autorité capable de garantir l'indépendance future de la Belgique. On ne peut s'imaginer qu'il n'a pas eu conscience de cette valeur pragmatique de son geste. D'où l'étonnement quand on apprend qu'en préparant le voyage avec ses conseillers, il voyait comme un risque majeur, non pas l'allégeance implicite au vainqueur provisoire, avec le désaveu tacite des ministres londoniens qu'elle entraînait, mais le risque que le Führer l'oblige à remonter sur le Trône. Quelles que soient donc

[72] Jean Stengers, *op. cit.*, p. 165.

les différences entre les deux rapports de l'entretien – celui du Roi et celui de l'interprète Schmidt – et quelle que soit la défense du Roi contre l'accusation d'avoir négocié avec le dictateur les conditions d'une indépendance partielle de la Belgique, quelles qu'aient été enfin de part et d'autre les éventuelles tentatives de transposer certaines paroles prononcées ou d'en oublier d'autres, le sens ultime de la démarche tient à l'aveu implicite faisant d'Hitler la caution suprême de l'indépendance future de la Belgique.[73]

7.6. Une méfiance contagieuse

Bien que la recherche historienne ne semble pas friande d'analyses psychologiques, elle ne peut les écarter totalement, ne fût-ce que pour restituer les motivations des acteurs, celles-ci étant souvent le fait de traits de caractère, de penchants, de goûts et d'habitudes diverses. On les a relevées en particulier pour expliquer les tensions entre Léopold III et son Gouvernement, tant pendant la Campagne des dix-huit jours que tout au long de la guerre et jusqu'aux convulsions de l'après-guerre avec la Question royale qui en a résulté. Une des attitudes les plus souvent constatées chez les protagonistes concernés est celle de la méfiance. Jean Vanwelkenhuyzen, qui est particulièrement attentif à la mentalité des acteurs, dont il cherche à cerner le rôle dans l'histoire, invoque cette faiblesse pour expliquer les malentendus en cascade qu'elle entraîna en 1940 entre le Souverain et son Premier ministre, entre autres l'accusation pour le moins prématurée de ce dernier dans son discours du 28 mai. Il la note de préférence chez le Premier ministre et en cherche l'origine dans un trait de caractère invétéré chez les Ardennais : c'est selon lui « la méfiance typique de l'Ardennais » (p. 46), l'atavisme ardennais (p. 50), la suspicion innée (p. 117), l'ancestrale méfiance ardennaise (p. 288), son indéracinable mé-

[73] Serge Moureaux, *op. cit.*, p. 95 constate froidement que les discussions sur la fidélité relative des rapports ne touchent pas à l'essentiel : « Car le Roi ne conteste pas que l'objet de ces questions portait bien sur le rétablissement de l'indépendance de la Belgique, **par l'Allemagne.** C'est là le plus important. Car il postule l'agrément du Roi à l'idée d'une Europe dessinée par l'Allemagne, et donc une victoire de cette dernière. ».

fiance (p. 300).[74] Sans doute cet atavisme, si tant est qu'il puisse être attribué à l'ensemble des habitants d'une région, éclaire-t-il certaines attitudes et décisions de l'Ardennais Hubert Pierlot. Mais en le constatant, on ne peut s'empêcher de se demander si, placé devant le fait accompli de certaines démarches royales, il n'eût pas fait preuve d'angélisme en ne se méfiant pas un peu. Ainsi, dans l'épisode de janvier 1940, où Léopold III avait tenté, par une mission diplomatique parallèle et à l'insu de son Gouvernement, de sortir de la neutralité en appelant à l'aide les garants britanniques, garder une confiance intacte envers le Souverain eût sans doute été, de la part d'un homme politique avisé, une naïveté coupable.

D'autre part, la méfiance est une attitude transitive, dans la mesure où elle suscite automatiquement un sentiment analogue chez le partenaire, les méfiances conjuguées créant un cercle vicieux où il n'est plus possible de distinguer les causes des conséquences ni les bourreaux des victimes, chacun étant l'un et l'autre à tour de rôle ou en même temps. C'est ainsi que la Question royale pourrait se lire en grande partie comme un enchaînement de méfiances réciproques, chacun protestant de son honnêteté parfaite, mais se méfiant de l'autre tout en lui reprochant sa méfiance. Celle-ci est d'ailleurs un des leitmotivs de *Pour l'Histoire,* un air lancinant qui traverse bon nombre de considérations et de procès d'intention de son auteur. Ainsi, quand A. Van Acker lui propose de publier un « livre blanc » contenant à la fois les documents du Roi et ceux du Gouvernement, le Roi refuse parce que, écrit-il, *je n'avais pas confiance dans ses méthodes.* (p. 128) Quoi de plus logique, en effet, puisque son interlocuteur *avait été pris à Sankt-Wolfgang en flagrant délit de mensonge* et que le même avait *proféré au Parlement une nouvelle déclaration mensongère* ? (p. 127) Par la suite, d'autres Premiers ministres, surtout sociaux-chrétiens, ne sont pas gratifiés de meilleures intentions ; Eyskens est *soi-disant* désireux de trouver une solution constitutionnelle à la question royale (p. 135), mais il part en week-end à la mer *sous prétexte* d'une réunion Benelux (p. 144). Et le pauvre Duvieusart, flétri ailleurs de médiocrité, est accusé de gouverner avec un parti *qui m'avait ramené en Belgique et*

[74] Jean Vanwelkenhuyzen, *op. cit.* (les numéros des pages indiqués sont ceux de l'ouvrage).

m'abandonnait en dépit de ses promesses à la Nation. (p. 148) N'est-il pas normal de se méfier de Premiers ministres qui mentent, qui utilisent faux-fuyants et prétextes, qui se parjurent et ne tiennent pas leurs promesses ? En somme, n'est-il pas logique de ne pas faire confiance à ceux qui ne la méritent pas, puisqu'ils se méfient de vous ? En 1940, H. Pierlot est du nombre, qui dans l'ordre des vices, allie la méfiance à la susceptibilité, au manque de souplesse, à la mentalité bornée, à l'incapacité définitive d'un geste humain. (p. 62) On conçoit volontiers que la dénonciation d'un tel bouquet de vices chez de proches collaborateurs n'incite pas particulièrement à la confiance. En même temps, on n'a aucune peine à imaginer que des attitudes aussi dépréciatives, jointes à quelques précédents autorisant au moins le doute ou la suspicion, aient été perçues par ceux-ci comme des freins à la confiance réciproque.

Si la diplomatie parallèle de janvier de 1940 et la demande des contreseings en mai ont suscité chez les ministres une méfiance bien compréhensible à l'égard du Roi, peut-on également invoquer ce sentiment pour expliquer l'entrevue de Berchtesgaden, en particulier les retombées qu'elle eut dans les réactions d'après-guerre et dans le dénouement de la Question royale ? Pour tenter une réponse à cette question, sans pour autant vouloir « scruter les reins et les cœurs » au-delà des inférences qu'on peut tirer des faits et témoignages connus, il faut rappeler une donnée psychologique qui peut avoir joué un rôle six mois plus tôt, à savoir le 28 mai, quand H. Pierlot prononça son fameux discours à la radio de Paris. Ses paroles sévères ne pouvaient s'expliquer, on l'a vu, que par un procès d'intention basé sur ce qu'on pourrait appeler, faute de mieux, une « suspicion légitime ». Or, l'historien J. Stengers[75] a prétendu, dans une « carte blanche » du *Soir* du 28 mai 1998, que c'est ce discours qui a empêché le Roi d'accepter l'invitation d'Hitler, ou comme il l'écrit, « qui l'a arrêté en tout cas sur le chemin du Grand Quartier général du Führer ». C'est là une hypothèse hardie qui suppose une sorte de *Haltbefehl* qui aurait fait reculer le Roi devant le danger d'être soupçonné de « traiter avec l'ennemi ». Ce sentiment l'aurait dissuadé de rencontrer dès le lendemain de la

[75] Cette argumentation figurait déjà en abrégé dans son *op. cit.* de 1980, p. 60-61.

reddition celui qu'il appelait alors « le maître de l'heure ». Notons que dans ses souvenirs d'après-guerre, H. Pierlot lui-même se montre persuadé de l'effet dissuasif de son discours. Rien d'étonnant donc à ce que le Roi rejette cette interprétation et écrive, évoquant sa réflexion sur l'attitude politique à adopter en Belgique occupée : *Je n'ai certainement pas attendu, pour la déterminer (…) le discours de Pierlot du 28 mai 1940.* (p. 53)

Toutefois, si cette hypothèse était avérée, elle obligerait le lecteur à se demander pourquoi trois semaines plus tard – le premier télex de Kiewitz date du 22 juin –, ce discours a apparemment perdu sa vertu dissuasive, puisque c'est le Roi qui devient demandeur de rendez-vous et qu'il omet même de suggérer l'incognito. Alors que depuis Wynendaele au moins, les rapports entre lui et son Gouvernement étaient dictés par la méfiance réciproque, poussant ce dernier à un procès d'intention gravissime, pourquoi cette accusation de fin mai aurait-elle été pour le Roi un obstacle ou un frein sur le chemin de la chancellerie allemande et aurait-elle au contraire perdu toute vigueur le 22 juin, date à laquelle il fait savoir à qui de droit qu'il souhaite « dès à présent » une entrevue avec le Führer ? Certes, en trois semaines il s'est passé nombre d'événements importants, dont la débâcle et l'armistice en France, et c'est en en tenant compte que le Gouvernement, sans revenir sur son accusation publique, a modifié son point de vue et veut le faire connaître au Souverain. Mais ses tentatives répétées pour reprendre contact avec Bruxelles, en particulier sa lettre suggérant d'ouvrir des pourparlers avec l'Allemagne, sont postérieures au télex du Roi et ne peuvent donc avoir influencé celui-ci dans le sens d'une amende honorable atténuant le soupçon de traiter avec l'ennemi.

8.

Les enjeux de l'entretien

Selon la sagesse populaire, qui veut dîner avec le diable doit se munir d'une longue cuillère. S'agissant du diable ou de quelque autre incarnation du mal, il n'est pas douteux que, dans la constellation des grands massacreurs du XXe siècle, Hitler soit celui qui s'en rapproche le plus. Nous avons passé en revue les arguments qui mènent à la conclusion que Léopold III ne fut ni invité ni obligé de se rendre dans l'antre bavarois du dictateur pour lui serrer la main et s'entretenir avec lui. À moins que l'avenir nous réserve des révélations contraires, l'ensemble des sources aujourd'hui accessibles tend à prouver – et bien qu'il s'en défende dans son ouvrage posthume – qu'entre juin et novembre 1940, c'est le Souverain qui fut à l'origine de la rencontre, puisqu'il la sollicita à plusieurs reprises. Rappelons qu'en 1940, Hitler n'avait pas encore aux yeux de tous ces traits diaboliques qu'on devait lui attribuer plus tard.[76] Héros de l'« ordre nouveau », il était encore considéré, même par certains dirigeants du camp démocratique, comme celui qui avait su « mettre de l'ordre chez lui ». Certes, en dépit

[76] Pas pour le plus grand nombre, en effet. Mais ceux dont la charge impliquait de se tenir au courant de l'évolution du régime allemand depuis l'accession d'Hitler aux plus hautes responsabilités, devaient au moins avoir entendu parler de la nuit dite « des longs couteaux », de celle dite « de cristal », des lois antijuives de Nuremberg, des camps de concentration destinés aux opposants, de l'interdiction des partis politiques, etc. Sans doute tous ne partageaient-ils pas l'avis du Souverain lorsqu'il confia en 1941 à son secrétaire R. Capelle : « Sans être admirateur d'Hitler, il faut reconnaître qu'il essaie de mettre de l'ordre dans son pays et d'inculquer l'esprit de discipline dans la jeunesse. »

des traités et des conventions, il avait annexé ou envahi plusieurs pays de l'Europe occidentale, dont la Belgique, mais ses armées, contrairement au souvenir qu'elles avaient laissé en 14-18, s'étaient en général conduites d'une façon disciplinée.[77] Au point que, s'il faut en croire le *Journal de guerre* de P. Struye[78], la population belge avait parfois tendance à « fraterniser » avec elles. Et puis surtout, Hitler était le vainqueur, ce qui est souvent l'argument principal pour le plus grand nombre, sinon pour les plus courageux. Étant donné l'écrasante supériorité militaire dont il avait fait étalage, il fut même considéré par beaucoup comme le vainqueur définitif. D'où des réactions au demeurant très compréhensibles – et même louables s'il s'était agi non d'une guerre mais d'une compétition sportive – disant à peu près : « Ne soyons pas mauvais perdants, reconnaissons notre défaite, il ne faut pas rêver, ils sont les plus forts, soyons *fair-play*, etc. » C'est sans doute sous cet angle qu'il faut lire également les « instructions de Berne » déjà évoquées, où le comte L. d'Ursel, pour en avoir été chargé par des émissaires du Palais, fit savoir aux ambassades belges, par une lettre circulaire en date du 12 septembre 1940 : « Il serait souhaitable que vous et vos collègues ayez, dans la mesure du possible, des relations de fait courtoises avec les représentants diplomatiques de l'Allemagne. Nous ne sommes plus, en fait, en guerre avec ce pays ; nous devons être corrects. Ceci est une question de tact. » Pour que de telles directives, que l'expéditeur appelait des « indications précieuses », aient été jugées opportunes, voire indispensables, il fallait bien qu'elles aillent à l'encontre d'une tendance inverse, et peut-être majoritaire, dans les hautes sphères diplomatiques belges. Pis, pour qu'un diplomate chevronné – L. d'Ursel était depuis 1934 « Ministre de Belgique en Suisse » – se permette de les envoyer à tous les postes, sans en avoir référé à son ministre de tutelle – rappelons néanmoins que P.-H. Spaak n'était pas encore arrivé à

[77] Il n'est pas certain que les habitants de Vinkt et de Meigem notamment, où le souvenir des massacres de civils par les Allemands est encore très vivace, souscriraient à cet euphémisme.

[78] Paul Struye, *op. cit.*, p. 38 : « La grosse majorité de l'opinion publique aurait marqué une satisfaction profonde et aurait, sans regret, sans arrière-pensée et sans grande réflexion, rompu avec ses amitiés traditionnelles et tout son passé, pour entrer de plain-pied dans la voie de la collaboration avec l'Allemagne. »

Londres ! –, il fallait qu'il fût convaincu d'exécuter la consigne du Souverain et d'être couvert par lui. Or, se montrer « sport » avec l'occupant, dans l'espoir qu'à son tour il fasse montre de *fair play*, c'était plus qu'un repli sur la ligne de neutralité préconisée avant-guerre, c'était « jouer le jeu », comme si l'occupant était devenu un hôte respectable, un peu brusque dans ses manières, certes, mais tout à fait fréquentable étant donné les atouts qu'il avait en main.[79] Aussi, une des réactions les plus cinglantes à l'instruction bernoise fut celle déjà évoquée de l'ambassadeur G. Theunis. Elle suggère que l'incitation à la courtoisie cachait en réalité un choix tacite en faveur du vainqueur. G. Theunis à L. d'Ursel : « Votre lettre trahit donc une arrière-pensée politique que l'on pourrait résumer dans les termes suivants : il faut se mettre le plus rapidement possible du côté du plus fort. » Pour mesurer la longueur de la cuillère dont Léopold III disposait en dînant avec le diable Hitler à Berchtesgaden, il faudra se rappeler cette tentation diffuse qui consiste à choisir le camp du plus fort sous prétexte de neutralité.

8.1. La longueur de la cuillère

En attendant, demandons-nous quels étaient les atouts du Roi pour jouer en Bavière une partie de poker avec le vainqueur du Blitzkrieg. Autrement dit, pour obtenir ce qu'il venait y chercher, et dont on a vu plus haut que l'indépendance nationale était un *préalable essentiel*, qu'avait-il à offrir en contrepartie ? En était par définition exclu ce que le Führer avait déjà accaparé de force en occupant la Belgique et en y instaurant une administration militaire. Ainsi, comme il avait exigé et obtenu, le 28 mai 1940, une *bedingungslose Waffenstreckung*, une reddition sans conditions, l'armée belge de même que l'infrastructure militaire, devenaient propriété de l'occupant. C'est d'ailleurs dans cet esprit que les soldats belges rentrant de France en août 1940 furent arrêtés comme prisonniers de guerre et déportés en Allemagne, pour y être internés dans des

[79] C'est dans ce même sens que le comte d'Ursel avait écrit dans une lettre du 6 septembre 1940 à la diplomatie belge : « L'autorité occupante a un esprit compréhensif, ce qui permet d'espérer une solution prochaine. »

camps ou participer aux travaux agricoles.[80] Dès lors, non seulement l'armée belge ne représentait plus une contrepartie – ce qui est d'ores et déjà confisqué ne peut plus être offert ! – mais encore, le rapatriement de ces mêmes prisonniers, qui étaient en majorité francophones, faisait partie des faveurs que le Souverain espérait obtenir.

8.2. Les colonies africaines neutres ou neutralisées ?

Toutefois, si la Belgique était occupée, il n'en était pas de même de ses colonies. Pour en apprécier la valeur diplomatique dans la pensée – voire dans les arrière-pensées – des interlocuteurs, il faut tenir compte d'une série d'événements consécutifs à la capitulation. Ainsi, le Gouverneur du Congo belge P. Ryckmans avait, le 21 juillet 1940, jour de la fête nationale, fait un discours où l'intention de situer les colonies belges dans le camp des Alliés était annoncée avec éclat. Par ailleurs, il recevra à Léopoldville le général de Gaulle, geste qui ne laissait aucun doute sur le camp de sa préférence. De même, le ministre des Colonies A. De Vleeschauwer, qui fut un des premiers à gagner Londres et y rencontra Churchill dès le mois de juin, avait fait de son mieux pour arrimer les colonies belges au camp des Alliés. Notons que le ministre, flamand et chrétien, était depuis toujours – et le restera, même et surtout pendant la Question royale – d'une indéfectible fidélité envers Léopold III. Dans un esprit constructif et loyal, il lui adresse fin juillet 1940 une lettre pour lui faire rapport sur ses activités et intentions. Il y insiste pour que la Belgique fasse son possible « pour soutenir ceux dont la victoire lui rendra sa liberté » et ajoute : « Nous fournirons à l'Empire britannique tous les produits qui peuvent lui être utiles ». Dans d'autres déclarations encore, qui sont rapportées au Roi, il évoque le projet de faire intervenir la Force publique congolaise contre les menées italiennes en Afrique. La réaction du Souverain, d'abord par l'intermédiaire de son chef de cabinet L. Frédéricq,

[80] Luc De Vos, *op.cit.*, p. 89-90 estime qu'ils furent au total quelque 225 000. Selon les chiffres fournis par Hitler lui-même à Berchtesgaden, il en restait encore 160 000 à la date de l'entretien (19 novembre 1940).

puis par son secrétaire R. Capelle, n'arrive pas avant fin août. Elle constitue, tant pour le fond que pour la forme, un désaveu du ministre. D'abord, l'adresse allocutive n'est pas « Monsieur le Ministre » mais de « Monsieur De Vleeschauwer ».[81] Pour mériter l'appellation liée à sa fonction, il ne suffit apparemment pas d'être notoirement dévoué au Roi, encore faut-il conduire une politique conforme aux désirs de ce dernier. Or, deux des actions rapportées ou suggérées par le ministre n'ont pas l'heur de lui plaire : d'une part, engager les colonies, avec leur potentiel non négligeable en matières premières, dans le camp britannique ; de l'autre, utiliser les forces congolaises dans un conflit avec l'Italie. Il fait donc rappeler à « Monsieur De Vleeschauwer » que la Belgique n'a aucune dette envers la Grande-Bretagne et qu'elle n'a jamais été en guerre avec l'Italie. Il est intéressant de mettre cette réaction en rapport avec l'argumentation que la princesse Marie José développera le 17 octobre 1940, devant le Führer à Berchtesgaden, afin d'obtenir un rendez-vous pour son frère. Selon celle-ci, on l'a vu, Léopold III s'était abstenu de toute action politique depuis la capitulation ; en particulier, il n'était pour rien dans « les décisions concernant le Congo ». Elle aurait pu ajouter : « Mon frère a même désavoué le ministre concerné », si cette information n'avait été en contradiction avec ce qu'elle venait de déclarer, à savoir la complète inactivité politique de Léopold III. Dans le même ordre d'idées, en tant qu'épouse du prince héritier d'Italie, elle aurait pu ajouter qu'elle était bien placée pour savoir que son frère avait dissuadé son ministre des Colonies d'utiliser les forces congolaises contre les velléités expansionnistes des membres de l'Axe en Afrique. Quoi qu'il en soit, le penchant du Souverain pour la neutralité n'a pas empêché A. De Vleeschauwer de poursuivre sur sa lancée, estimant comme il le dira par la suite que « être fidèle au Roi ne consiste pas à le suivre n'importe où, y compris dans ses erreurs »[82]. Tant

[81] On peut penser que Louis Frédericq, chef de cabinet du Roi, ne se serait pas permis ce manque d'égards s'il ne s'était senti couvert par son maître. La même remarque vaut pour l'expression *Pierlot et consorts*, alors qu'il s'agissait du Gouvernement belge légal.

[82] Et Jean Stengers, *op. cit.*, p. 146 ajoute : « Conformément à ce principe, De Vleeschauwer va continuer à proclamer très haut sa fidélité à Léopold III tout en faisant sciemment le contraire de ce que le Roi désirait. »

et si bien que, un mois plus tard, à Berchtesgaden, Léopold III ne pourra plus, à supposer que cela ait jamais été dans ses intentions, faire miroiter au Führer des « promesses congolaises », que son ministre des Colonies avait déjà faites à Churchill.

8.3. La ruée vers l'or

Un autre atout dans la négociation entre Léopold III et Hitler aurait pu être le Trésor de l'État belge. En effet, dans le télex du 22 juin évoqué plus haut, Kiewitz rapportait que le Roi comptait sur la restitution, par la France, de l'or belge et des coffres scellés contenant des « documents d'État belges » (*Staatsdokumente*), qui se trouveraient « quelque part au sud de Bordeaux à un endroit sans doute inconnu des Français ». Ce passage prouve ou bien que le Roi ne disposait pas de renseignements récents sur ce dossier, ou bien que Kiewitz avait mal compris, voire mal rendu ce qu'on lui avait rapporté. Car il commettait deux erreurs. D'une part, s'il pensait que les deux ensembles d'objets se trouvaient au sud de Bordeaux, cela ne valait plus, comme nous les verrons, pour le Trésor belge. D'autre part, les coffres scellés, qui étaient en effet déposés dans une filiale de la Banque de France à Mont-de-Marsan, ne contenaient pas des « documents d'État », mais des objets de valeurs et des archives appartenant à la Maison royale. Le Roi devait d'ailleurs les récupérer peu de temps après avec le concours de l'occupant.[83]

Tout autre fut le sort du Trésor belge. Pour éviter un malentendu courant, dont on trouve encore les traces dans certains ouvrages récents[84], précisons d'emblée que l'or visé par le télex en question

[83] D'autres archives de la dynastie parvinrent en juin 1940 au château de Cruset, près de Limoges. Elles furent récupérées par le Gouvernement Pierlot et entreposées à l'évêché de Toulouse, d'où elles rentrèrent en Belgique après la Libération.

[84] Ainsi, on pourrait déduire de Serge Moureaux, *op. cit.*, p. 84, que l'or belge évoqué dans le câble du 26 juin aboutit finalement à Londres dans les coffres de la Banque d'Angleterre. En réalité, c'est une autre partie du Trésor qui y avait été déposée dès novembre 1939, comme ce fut d'ailleurs aussi le cas d'une troisième part, déposée à New York. En revanche, l'encaisse métallique réclamée par le Roi devait bel et bien aboutir à la *Reichsbank* à Berlin, si bien qu'on est en droit de

ne représentait qu'une partie du Trésor belge, soit un tiers environ. Par mesure de précaution il avait été expédié en France, en plusieurs convois, entre novembre 1939 et mai 1940. Selon A.E. Janssen, Gouverneur de la Banque Nationale de Belgique (BNB), cette mesure devait couvrir « d'éventuelles dépenses d'un Gouvernement évacué en France, comme en 1914 ». Il s'agissait de quelque cinq mille caisses de lingots, d'une valeur de plus de six milliards de francs de l'époque, qui furent déposées dans des succursales de la Banque de France de Bordeaux et de Libourne, où elles restèrent jusqu'à la mi-mai. À cette date, le tournant pris par la Campagne de France incita les instances franco-belges à les faire acheminer, en même temps que l'or de la Banque de France et l'or polonais, vers des ports disposant d'un arsenal, parmi lesquels Lorient et Brest. En l'occurrence les autorités belges comptaient sur la Marine française pour mettre leur encaisse métallique en sécurité outre-Atlantique comme cela avait déjà été fait pour une autre partie du Trésor. Arrivée le 9 juin en gare de Lorient, elle fut mise à l'abri dans l'arsenal de cette base. Survint alors, le 17 juin, soit une semaine plus tard, la demande d'armistice française. Les suites qu'on pouvait en craindre pour les avoirs de pays occupés, comme la Belgique et la Pologne, n'étaient que trop évidentes. Dès lors, le lendemain la précieuse charge fut hissée à bord du croiseur auxiliaire français « Victor Schoelcher », qui mit le cap sur Dakar, où il accosta dix jours plus tard. Elle y serait sans doute restée plus longtemps si le bombardement de la flotte française à Mers-el-Kébir, le 3 juillet, n'avait fait redouter un sort comparable pour les bateaux français mouillant dans le port sénégalais. Un nouveau transfert fut donc décidé vers un dépôt plus sûr et plus durable, à Kayes, à quelque 500 km à l'intérieur des terres, non loin de la frontière malienne.

Ce feuilleton connut encore nombre d'autres développements – la « soif d'or » de Ribbentrop, les concessions politiques de Vichy en préparation de l'entrevue de Montoire, l'arrogance allemande à la Commission d'armistice de Wiesbaden, les roueries avortées de Laval – avant que le dépôt africain ne parvînt finalement à Berlin

parler du « vol de l'or belge par les nazis » comme le fait G. Cornu dans « Le drame de l'or belge », *Les cahiers anecdotiques de la Banque de France*, avril 2002.

en mai 1942. Les évoquer excéderait le cadre de cette étude. Nos quelques indications sur les tribulations de l'or belge après la capitulation indiquent que si le Roi en réclame la restitution dans le télex du 22 juin, il n'est pas informé à cette date de ses transferts ultérieurs. Ceci permet d'écarter d'emblée une accusation parfois formulée pendant la Question royale, selon laquelle il aurait fourni aux Allemands des indications leur permettant d'en localiser la cache. En réalité, dès réception du câble de Kiewitz, le chef de la chancellerie Meissner en avait adressé une copie aux ministères des Affaires étrangères et des Affaires économiques en notant comme motif : « à cause de la partie concernant le Trésor d'État belge ». C'est donc par cette voie que les autorités allemandes furent alertées et lancèrent les recherches qui devaient s'avérer fructueuses à plus d'un titre. Elles y furent aidées, non par les indications du Roi, mais par celles fournies par le général français Ch. Huntziger, président de la délégation française à la Commission d'armistice de Wiesbaden.

8.4. Couper les vivres ?

Reste néanmoins une question à laquelle on ne peut répondre sans s'interroger à nouveau sur les intentions du Roi : pourquoi Léopold III, alors que Français et Allemands viennent de signer l'armistice (22 juin), demande-t-il que le Trésor belge – tout au moins la partie qui fut mise à l'abri en France et dont il pense à tort qu'elle s'y trouve toujours – soit récupérée par la Belgique ? Pourquoi le demande-t-il à Hitler et pourquoi désire-t-il que l'opération se fasse dans le plus grand secret ? Dans l'esprit du Souverain, les deux dernières questions étaient vraisemblablement liées. Le souci de discrétion va en effet dans le même sens que l'incognito conditionnant l'accord de principe sur l'invitation d'Hitler trois semaines plus tôt : il s'agit d'éviter toute démarche qui soit de nature à donner crédit aux accusations de « traiter avec l'ennemi ». La question principale reste donc la première : par quoi est motivée l'insistance auprès de l'occupant afin qu'il use de son pouvoir pour récupérer l'or belge et pour le transférer d'un pays partiellement occupé, lié par une convention d'armistice

– la France – a un autre pays également occupé, mais vivant sous le régime de la capitulation ? Gageons que là aussi, comme pour le voyage à Berchtesgaden, le Roi ait *mesuré pleinement les dangers* de l'entreprise. En effet, non seulement le service demandé, s'il avait abouti, aurait chargé le Roi d'une lourde dette envers le Führer, créant entre eux des rapports de débiteur à créancier, mais le Trésor récupéré par la Belgique serait de toute façon resté à la portée de l'occupant. Or, les plaintes sur *les charges financières de l'occupation*, que le Roi exprima à Berchtesgaden, en disent long sur l'appétit allemand pour les avoirs belges. Quelle ne serait devenue la voracité des Allemands, si en outre l'encaisse métallique avait été restituée à la BNB, et ce, « par leurs soins » ! On le mesure d'autant plus aisément qu'ayant récupéré le trésor, ils n'eurent de cesse de le transférer, non à la BNB de Bruxelles, mais à la Reichsbank de Berlin. Ajoutons à cela que si la demande du Souverain avait été exaucée, la différence entre un régime d'armistice et un régime de capitulation aurait à coup sûr joué en défaveur de la Belgique.[85] Dès lors, tout en mesurant ces dangers, le Roi a dû avoir une raison précise, voire un incitant exceptionnel pour passer outre.

Pour les connaître, une condition, nécessaire mais sans doute insuffisante, est de réfléchir à la situation du Gouvernement belge réfugié en France et à divers facteurs qui vont l'influencer, suite à la débâcle et à la signature de l'armistice. En effet, pour faire face à leurs dépenses, les ministres dépendent des autorités françaises, lesquelles pourvoient à leurs besoins en monnaie locale couverte par le dépôt belge à la Banque de France. On se souviendra que c'est le motif invoqué quelques mois plus tôt par le Gouverneur de la BNB, pour justifier l'envoi d'une partie de l'or belge en France. Or, l'armistice signé le 22 juin sera pour le Gouvernement belge non seulement source de découragement, d'abandon, voire de « déliquescence », les ministres écriront aussi au Roi lui demandant d'ouvrir au plus tôt des pourparlers avec l'Allemagne et d'accepter

[85] Pour preuve la composition de la Commission d'armistice de Wiesbaden, où la France était représentée, dans la Commission spéciale des questions économiques, par M. Couve de Murville et la Banque de France par MM. Boisanger et Bolgert. Quant à la Belgique, le ministre plénipotentiaire et président allemand M. Hemmen estima que les intérêts belges seraient « valablement défendus » par les commissaires allemands, MM. Hofrichter et von Becker.

leur démission collégiale. La réponse par l'intermédiaire du chef de cabinet sera laconique : le Roi prisonnier ne prend pas de décisions politiques.[86] Ensuite les ministres apprennent le 25 juillet que par ordonnance allemande du 18 courant, il leur est interdit de rentrer en Belgique, ce qui eût sans doute été, pour la plupart d'entre eux, conforme à leur souhait. (Notons que dans son entretien avec A.von Falkenhausen le 29 suivant, le Roi déclare qu'il « applaudit à cette mesure » et qu'il « déplore l'attitude du gouverneur général du Congo belge ».) Le coup de grâce vient cependant du fait qu'Hitler prétend « ne pas connaître un Gouvernement belge réfugié en France » (*daß er eine Belgische Regierung nicht kenne*) et fait pression sur les autorités de Vichy pour qu'on coupe les vivres aux « soi-disant ministres émigrés ». Comme J. Stengers le souligne, ce Gouvernement belge, plutôt que d'opter pour le camp des Alliés dès la capitulation belge et l'armistice français, ne s'y résout que des semaines, voire des mois plus tard – et encore le fait-il en ordre dispersé –, après avoir essayé plusieurs autres solutions, auxquelles deux instances firent obstacle.[87] D'une part le Souverain, qui fit la sourde oreille à ses sollicitations, voire lui adressa une fin de non-recevoir ; d'autre part les autorités de Vichy, désormais soucieuses de complaire aux Allemands et dès lors rétives à subvenir aux besoins de ministres belges non reconnus par l'Allemagne et séjournant néanmoins sur le territoire français. Au demeurant, ni le Souverain ni le Führer ne pouvaient prévoir que leur intransigeance aurait pour effet de rejeter un Gouvernement belge aux abois dans le camp adverse, où il se rétablirait bientôt pour revenir quatre ans plus tard avec les Alliés vainqueurs. Les aléas de la

[86] Il va toutefois juger utile, entre autres décisions, d'envoyer un émissaire au Congo belge pour empêcher que la colonie ne soutienne le camp des Alliés, et il en fera la demande à Hitler, démarche qu'il semble donc considérer comme non politique.

[87] Encore ce raccourci manque-t-il de précision dans sa généralité : comme l'auteur le fait remarquer ailleurs (p. 113), De Vleeschauwer est à Londres dès juin et Gutt y arrive début août. Après leur entrevue avec De Vleeschauwer à la frontière espagnole, Pierlot et Spaak décident, également en août, de rejoindre leurs collègues, mais n'arriveront à destination que quelque deux mois plus tard. Même si leur attitude se fait plus tranchée au début de l'été, on ne peut nier une période d'indécision pendant laquelle leur religion n'est pas encore faite.

guerre sont parfois cruels : vilipendés en Belgique après la capitulation – Spaak va jusqu'à employer l'expression « vomis » –, et bannis du territoire par Hitler, les ministres regagneront leur pays en pleine légitimité après la Libération, tandis que le Souverain, qui avait décidé d'ignorer ces derniers en 1940, en sera absent à ce moment crucial et ne pourra y rentrer que six ans plus tard, avec les conséquences que l'on sait. Ce qui inspire à A. de Staercke le commentaire : « On peut dire que le Roi a été perdu par ceux qui voulaient le sauver et qu'il aurait pu être sauvé par ceux qu'il a voulu perdre. »[88]

Revenons donc à la question posée précédemment : quelles pouvaient être les intentions du Roi lorsqu'il demanda à Hitler d'user de son pouvoir pour mettre la main sur le Trésor belge mis en sécurité en France et pour le rapatrier dans le plus grand secret ? Ici comme ailleurs les intentions ne se laissent deviner que par l'analyse d'une stratégie plus large, dans laquelle devait logiquement s'inscrire une telle démarche, si on s'interdit de prêter à un acteur responsable, intelligent et généralement bien informé des intentions contradictoires ou erratiques. Un tel dessein se dégage d'un ensemble de décisions convergentes et dûment documentées, dont on ne parvient à lire le sens qu'en supposant le souhait, non pas d'adopter les vues de l'occupant, comme le suggère parfois A. de Staercke, mais d'éviter toute démarche qui puisse être interprétée comme contraire à sa stratégie hégémonique. L'expression la plus explicite en sera plus tard les « instructions de Berne » déjà évoquées, incitant les diplomates belges à la courtoisie envers les Allemands et rappelant que la Belgique n'est plus en guerre avec eux. Or, contrairement à ce qu'on a pu lire dans le *Livre blanc*, l'auteur de *Pour l'Histoire* reconnaît désormais avoir été à l'origine de ces instructions[89], ce dont d'ailleurs peu d'observateurs neutres avaient

[88] André de Staercke, *op. cit.*, p. 48.

[89] Voir à ce propos le chapitre XVI de *Pour l'Histoire*, p. 66-68. Certes, les lettres du comte L. d'Ursel ne datent que des 6 et 12 septembre 1940, mais elles sont basées sur des instructions qui furent de toute évidence préparées pendant les mois d'été à Bruxelles. On notera pourtant une contradiction essentielle entre ces « instructions » et les souvenirs du Souverain. Dans *Pour l'Histoire*, on lit p.67 « Il (le pays) est toujours en guerre avec l'Allemagne. Il en sera ainsi tant que le sol belge restera occupé par l'envahisseur. » Par contre, dans

douté jusque là. Dès lors, sachant que le Führer refuse de reconnaître un « Gouvernement belge réfugié en France », considérant en outre qu'il a su instaurer un rapport de confiance avec l'autorité de Vichy, à condition toutefois que celle-ci cesse d'héberger et de soutenir financièrement des ministres belges susceptibles de poursuivre le combat contre l'Allemagne, est-il imprudent de penser que le Souverain a eu l'intention, et ce dès juin 1940, d'œuvrer dans un sens qui n'est devenu explicite que dans ses « instructions de Berne » ? Autrement dit, qu'il a voulu prouver que « nous ne sommes plus en guerre avec ce pays » contrairement à ce que prétendent les ministres belges réfugiés en France ? Sachant en outre qu'il estime que ceux-ci l'ont gravement insulté à Limoges (comme il l'écrira plus tard dans son « Testament politique » : *ils ont gratuitement jeté l'opprobre sur le Souverain et sur le drapeau national*), n'est-il pas logique d'emboîter le pas au Führer dans sa volonté de ne pas reconnaître ce Gouvernement belge, un Gouvernement qui n'en a d'ailleurs plus que le nom ? Rien de permet d'en conclure que Léopold III aurait souhaité à cette part du Trésor belge le sort qui lui fut finalement réservé par les Allemands. Comme le dirait plus tard son secrétaire R. Capelle pour justifier d'autres attitudes apparemment complaisantes de son maître : « Y songer n'est pas le souhaiter ! » L'occupant prouva d'ailleurs par la suite qu'il n'avait nullement besoin d'une quelconque complaisance belge pour s'en accaparer. Mais cela n'était pas incompatible avec ce qu'on pourrait appeler « l'esprit de Berne avant la lettre », selon lequel il fallait reconnaître sportivement que la Belgique avait perdu la partie et que, contrairement à ce que prétendaient les ministres qui l'avaient insulté, il y avait lieu de cesser le combat. Or, la meilleure façon de tuer dans l'œuf toute velléité combative chez ceux-ci, n'était-ce pas de rapatrier les avoirs belges qui leur avaient jusque là permis de tenir la tête hors de l'eau ?

la lettre du comte d'Ursel en date du 6 septembre, il est écrit : « Il serait souhaitable que vous et vos collègues vous rétablissiez vos relations avec les représentants diplomatiques de l'Allemagne. Nous ne sommes plus, en fait, en guerre avec ce pays. »

9.

Pour conclure sans clore

Les acteurs de l'histoire de même que les historiens sont des humains. C'est là une vérité qui confine au truisme, tant elle paraît évidente quand on l'énonce. Elle mérite pourtant d'être rappelée sans relâche, si l'on veut éviter la vénération ou la détestation aveugles que leur observation peut entraîner. En effet, comme le commun des mortels et, quels que soient leur extraction, fonction ou titres, ces acteurs sont soumis aux vicissitudes de l'humaine condition. Dès lors, leur lecture de la réalité peut osciller entre la perspicacité et l'aveuglement, leur courage entre la témérité et la lâcheté, leur intelligence entre la lucidité et l'illusion. Ni anges, ni démons, ni saints, ni scélérats, ils agissent le plus souvent selon leur tempérament et les circonstances. Ceux-ci peuvent les porter tantôt à l'héroïsme, tantôt à l'abomination, tous les degrés intermédiaires étant également à leur portée.

9.1. Le jugement de l'histoire

Nous avons vu que, comme d'autres mémorialistes, l'auteur de *Pour l'Histoire* est convaincu que *l'Histoire jugera* et que son verdict lui sera favorable.[90] C'est là un espoir que chacun peut raisonnablement nourrir pour sa propre action passée, mais qui achoppe à quelques difficultés de taille qui méritent considération.

[90] Rappelons que son exposé se termine par la phrase : *L'Histoire saura reconnaître à quel point j'ai respecté ce serment et tenu cette promesse.* (p. 162)

D'abord « l'histoire jugera » est une prosopopée, façon de parler basée sur la personnification d'une instance ou d'une faculté abstraite. Or, n'en déplaise à la muse Clio qui la symbolisait dans l'Antiquité, l'histoire n'est ni un personnage mythologique ni une divinité omnisciente, qui jugerait souverainement et équitablement, tout bien pesé, sans préconçu ni ressentiment. Elle ne ressemble pas non plus à la chouette des philosophes, qui prend son envol le soir, après le vacarme de la journée, pour contempler d'un regard serein et désintéressé le champ de bataille qui en résulte. Au contraire, depuis Hérodote au moins, l'histoire des hommes est écrite par des humains. Et comme ces derniers n'occupent pas un poste d'observation où tout se verrait dans une clarté absolue, ils doivent se contenter de vérités partielles, précaires ou provisoires. Comme en outre ils sont tributaires de cultures et de conceptions régionales et qu'ils ne sont pas exempts de préjugés et d'illusions, leur discipline leur impose de procéder par recoupement des sources, par confrontation des témoins, par comparaison des points de vue, bref, par débats contradictoires. C'est dire que l'histoire est par nature une science d'interprétation, si bien que son « tribunal » ne saurait asséner des jugements d'une certitude et d'une objectivité absolues. Ceci ne doit pas inciter à un relativisme goguenard, disant que la perfection étant hors de portée, rien de ce qui est affirmé par les études historiques n'échappe à la contingence. En effet, malgré le caractère intrinsèquement limité de tout jugement humain, l'historiographie, conçue comme un exercice de regards et de discours croisés, est capable d'atteindre à une connaissance suffisamment objective pour que la compréhension du passé puisse marquer des progrès significatifs.

En second lieu, l'énoncé « l'histoire jugera » souffre de sa nature prédictive. Le futur du verbe laisse en effet entrevoir une échéance certaine, qui peut néanmoins être indéfiniment différée. À la question « Quand les temps seront-ils mûrs pour que l'histoire se prononce ? » il est impossible de répondre par une date ou par un *terminus ad quem*. La preuve en est que pour nombre de personnalités qui ont invoqué le jugement futur de ce « tribunal », le prononcé de la sentence se fait attendre, soit que la controverse empêche un verdict consensuel, soit que l'intérêt pour un pan de l'histoire a disparu en même temps que son acteur. Même quand toutes les conditions semblent réunies pour que « l'histoire se prononce », on est souvent frappé par le caractère provisoire des jugements. C'est dû au fait que ceux-ci sont fonction à la fois de l'air du temps ou des témoins et traces accessibles. D'une part, il arrive qu'un ouvrage à grande diffusion ou une émission télévisée déclenche un engouement soudain pour un événement qu'on croyait depuis longtemps condamné aux « poubelles de l'histoire ». D'autre part, les verdicts de l'histoire sont la plupart du temps conditionnés par des réserves, la plus importante étant celle qui souligne la nature fragile ou provisoire de nos informations : tantôt des archives essentielles restent inaccessibles avant longtemps, tantôt des témoins capitaux ne sont plus de ce monde et n'ont pas pu ou voulu témoigner de leur vivant.

Enfin, « l'histoire jugera » est parfois interprété comme l'opinion qu'en aura retenue une communauté, une société, voire le plus grand nombre, bref, cette instance diffuse que par métonymie on appelle justement « l'opinion ». En effet, on est parfois séduit par l'idée que lorsque les passions se seront tues et les tensions apaisées, quand le pour et le contre auront émoussé le tranchant des positions contraires, on verra se décanter un bilan équilibré. C'est conclure un peu vite que le « sens commun », la « vox populi » ou, quel que soit le nom qu'on donne à cette instance impersonnelle, celle-ci hériterait d'office d'une vérité que des historiens chercheraient en vain. Certes, le recul et l'apaisement sont des facteurs qui favorisent la recherche désintéressée de celle-ci. Encore l'opinion n'est-elle pas à l'abri d'aveuglements lorsqu'il s'agit d'évaluer le rôle joué par les siens dans l'histoire. On le constate aisément quand on compare, de part et d'autre d'une frontière, et jusque dans les manuels d'histoire, les versions contrastées, voire incompatibles, qui y sont fournies d'un conflit ancien ou récent. Il n'est d'ailleurs pas rare qu'au sortir d'enquêtes approfondies, l'historien doive s'inscrire en faux contre une « opinion » solidement établie où peuvent se mêler la fierté nationale, l'autocélébration, voire l'endoctrinement sciemment organisé. Dès lors, si l'histoire devait un jour juger, voire délivrer une sentence, elle ne saurait le faire valablement en épousant simplement l'opinion publique. Elle ne pourrait davantage se baser sur une décision politique obtenue par un vote des représentants du peuple, comme la coutume tend à s'en propager dans certains pays. Ceux-ci ne sont en effet pas davantage à l'abri de l'erreur dans la mesure où ils peuvent refléter majoritairement une opinion complaisante ou erronée. Autant dire que la vérité historique ne se décide ni par vote ni par décret. Sans oublier que l'histoire, comme toute autre science d'interprétation, ne saurait se contenter d'une vérité figée et définitive. Si un dicton en vogue assure que « l'avenir reste ouvert »,[91] on pourrait à bon droit réorienter les termes en affirmant que pour l'historiographie « le passé reste ouvert », tant il est vrai qu'elle répugne au prononcé de verdicts irrévocables.

9.2. La fragilité d'un aveu

Dans une contribution sur les rapports entre le Roi et les Alliés, Jean Vanwelkenhuyzen conclut par une remarque pétrie d'un réalisme à toute épreuve : « Au long des années, Léopold III s'est interrogé sur ce qui pouvait constituer la meilleure issue possible. Il l'a fait en fonction du futur qui lui paraissait plausible. Il ne connaissait pas la fin de l'histoire. Entre lui alors, et nous aujourd'hui, c'est toute la différence. »[92] Voilà une vérité qui vaut à la fois pour l'acteur politique, l'historien, le journaliste et le simple homme de la rue désireux de connaître le passé. L'oublier, ce serait non seulement la porte ouverte à l'anachronisme, ce serait aussi céder, soit à la tentation de l'hagiographie, soit à celle de la condamnation sans autre forme de procès.

Or, les pages qui précèdent portent moins sur ce que Léopold III a fait en novembre 1940, que ce qu'il a dit avoir fait dans un texte signé quelques décennies plus tard. Elles sont motivées non par le souhait d'approuver ou de condamner une action ou une omission, mais par le besoin de comprendre la manière dont l'acteur – qui en est devenu plus tard l'auteur –, en rend compte. Projeté sur l'arrière-fond de ce que le débat contradictoire

[91] C'est devenu le titre d'un dialogue captivant entre les deux savants viennois Karl Popper et Konrad Lorenz : *L'avenir est ouvert*, Flammarion, Paris 1999.

[92] Jean Vanwelkenhuyzen, « *Léopold III et les Alliés* », dans Michel Dumoulin *&* *al.*, *op. cit.*, p. 215.

entre historiens a permis de dégager comme vrai ou vraisemblable, la lecture critique de son texte fait apparaître au mieux une remise en perspective orientée de certains faits et gestes connus, au pire une réinterprétation tendancieuse de ceux-ci pour des besoins apologétiques. Certes, nous ne retournerons pas au Souverain le grief qu'il fait à *certains auteurs* d'avoir *profondément dénaturé* ses paroles ou actions ou de lui avoir fait *même des procès d'intention.* Au moins est-il permis de souligner, en recourant entre autres à la traditionnelle critique interne, quelques invraisemblances ou incohérences découlant apparemment du contexte polémique dans lequel ses souvenirs s'inscrivent.

Pour ne citer que quelques exemples, on peut se demander s'il est raisonnable de continuer à postuler jusqu'en 2001, pour expliquer l'origine du voyage à Berchtesgaden, l'initiative décisive de la princesse Marie-José, alors que celle-ci, interviewée par un journal qui fut toujours favorable au Souverain, avoua en 1973 que c'est son frère le Roi qui l'avait chargée à l'époque d'une demande d'entrevue auprès d'Hitler. En conséquence, peut-on rester crédible quand, à la p.75 de *Pour l'Histoire,* on publie un rapport autographe de la main du Souverain, pièce légendée *compte rendu de la relation donnée par ma sœur, la princesse de Piémont, de son entrevue avec Hitler,* dans lequel la demande d'un autre entretien, celui entre Hitler et Léopold III, est opportunément oubliée ? De même, ne faut-il pas craindre de troubler le public le mieux disposé en maintenant *ne varietur* la version selon laquelle l'entrevue bavaroise fut une mission *sans caractère politique,* alors que *le préalable essentiel* en était rien de moins que *l'indépendance nationale* ? En ce qui concerne les dangers de l'entreprise, que l'auteur dit *ne pas avoir sous-estimés,* peut-on prétendre en dresser la liste exhaustive en pointant celui, peu probable étant donné les « instructions de juillet », de se voir imposer par Hitler *la reprise de ses prérogatives constitutionnelles* ? Avec le recul de plusieurs décennies, et jusque dans un texte publié à titre posthume, ne prête-t-on pas le flanc au procès de « psycho-rigidité » en ne reconnaissant toujours pas le risque – ô combien plus important ! – de donner son aval implicite à la politique du nouveau « maître de l'Europe » et de se couper ainsi des Alliés, auxquels s'était désormais associé son propre Gouvernement ? Enfin, si écrire c'est faire appel à l'intelligence du lecteur[93], est-ce vraiment compter sur cette faculté que d'affirmer à quelques lignes de distance qu'on est allé *demander* à Hitler une amélioration du sort des Belges sous l'Occupation, et de conclure qu'on n'a *rien cédé* et *rien promis* ? Dans la comparaison des deux rapports principaux de l'entrevue, peut-on espérer être convaincant, voire emporter l'adhésion, quand pour confondre l'interprète d'Hitler, on prétend tout uniment que son rapport est mensonger, puisqu'il est différent de celui du Roi ? Pense-t-on avoir définitivement disqualifié l'interprète Schmitt en observant qu'il était Allemand ou mu par la complaisance envers son maître, alors qu'on avait soi-même à son service des plumes affûtées qui ne furent jamais prises en défaut, dès lors qu'il s'agissait de préserver l'intérêt du Souverain ?

9.3. Le tort des Mémoires

Dans l'introduction de *Pour l'Histoire,* Léopold III constate que *trop de personnalités ont écrit leurs Mémoires pour justifier leur attitude au cours de la Seconde Guerre mondiale.* On devine un léger reproche dans le mot *trop,* ce qui n'eût pas été le cas si l'auteur avait écrit *beaucoup* ou *tant.* Dès lors, contrairement à ces mémorialistes jugés trop nombreux, le Roi narrateur n'a pas voulu écrire des *Mémoires.* Pourtant, quel que soit le genre littéraire dont relève son ouvrage, il a incontestablement souhaité *justifier (son) attitude au cours de la Seconde Guerre mondiale.* Y est-il parvenu ? Sans doute n'a-t-il eu aucun mal à convaincre le lecteur qui, sensible à l'argument d'autorité, ne saurait douter ni de la parole d'un Souverain, ni de l'objectivité de son regard sur sa propre action, ni de l'infaillibilité de ses souvenirs. Mais les autres ? Ceux dont le but n'est ni de blâmer ni d'applaudir mais de comprendre, pourront-ils éviter à terme de souscrire au moins à ce constat mesuré, disant : « la publication de *Pour l'Histoire* soulève beaucoup de questions, à commencer par celles relevant des principes élémentaires de la

93 Rappelons que le mot *intelligent* provient du latin *inter legere* ; dès lors une traduction telle que « savoir lire entre les lignes » ne serait pas trop éloignée du sens profond de l'*intelligence.*

critique historique » ?[94] Il nous semble que le chapitre XVII de l'ouvrage, consacré à l'entrevue de Berchtesgaden, en offre une illustration convaincante.

On attribue à Winston Churchill un trait d'humour disant : « L'histoire me donnera raison, d'autant que c'est moi qui l'écrirai ! ». Une version plus atténuée du même trait se lit comme « Je laisse à l'histoire le soin de juger, mais j'en serai un des historiens ! » Il est vrai que l'illustre homme politique et stratège de la Deuxième Guerre mondiale n'a pas toujours déployé les qualités indispensables à l'historien pour évoquer celle-ci dans ses *Mémoires*.[95] En particulier, dans le deuxième tome, son analyse de mai 1940 n'est pas sans failles, concernant notamment son appréciation critique de l'armée belge. Il les a d'ailleurs implicitement reconnues dans une deuxième édition de son ouvrage, où il rend un hommage appuyé aux soldats belges durant la Campagne des dix-huit jours. Mais à notre connaissance, il n'est jamais revenu sur sa condamnation sévère de Léopold III, qui décida en mai 1940 de se rendre et se constituer prisonnier de l'envahisseur allemand. Nous avons vu comment, à diverses reprises, l'auteur de *Pour L'Histoire* présente sa version des faits comme la vérité historique. En prenant la plume, sans doute a-t-il lui aussi cédé à la tentation d'être l'historien de ses propres actions passées. Or, comme le fait remarquer encore J. Vanwelkenhuyzen : « Les acteurs eux-mêmes font (...) de piètres témoins. Non pas qu'ils manquent de sincérité, mais les sentiments les dominent. »[96]

Les éditeurs de *Pour l'Histoire* précisent dans une note que ce témoignage se trouve « dans l'état exact où l'Auteur le laissa à son décès le 25 septembre 1983, sans les dernières retouches ou compléments qu'il eût probablement encore souhaité y apporter. » Étant donné les souvenirs fragiles, les rapports incomplets, voire les oublis de taille qu'il comporte, on regrettera en effet qu'avant

[94] Michel Dumoulin & Mark Van den Wijngaert, « Léopold III après l'abdication », dans M. Dumoulin *& al.*, *op. cit.*, p. 336.

[95] Winston Churchill, *Mémoires sur la deuxième Guerre mondiale*, Paris, Plon, 1948-1954, 12 vol.

[96] Jean Vanwelkenhuyzen, *op. cit.*, p. 133.

de nous quitter, ce témoin capital[97] n'ait pas pu remédier aux uns et aux autres. On estimera aussi que s'il en avait eu l'occasion ou le goût, une version plus convaincante eût sans doute nécessité un remaniement dépassant le niveau de simples retouches.

[97] Le titre de la version néerlandaise de l'ouvrage comporte un jeu de mots qui n'a pas d'équivalent en français : le *kroongetuige* est le témoin principal, ce que Léopold III fut sans aucun doute à beaucoup d'égards, mais en néerlandais l'importance ou l'excellence du témoignage est rendue par le mot *kroon*, la couronne.

Bibliographie sélective d'histoire

Bernard (Henri), *Panorama d'une défaite,* Duculot, Gembloux/Paris, 1984.

Capelle (Robert), *Dix-huit ans auprès du roi Léopold,* Fayard, Paris, 1970.

Churchill (Winston), *Mémoires sur la Deuxième Guerre mondiale,* Plon, Paris, 1948-1954, 12 vol.

Cornu (Gérard) « Le drame de l'or belge », *Les cahiers anecdotiques de la Banque de France,* avril 2002.

De Jonghe (Albert), *Hitler en het politieke lot van België,* 2 vol., De Nederlandsche Boekhandel, Antwerpen-Utrecht 1972.

De Jonghe (Albert), « Berchtesgaden (19 novembre 1940) ; voorgeschiedenis, inhoud en resultaat », *Res Publica,* 1978, p. 41-53.

Delandsheere (Paul) & Ooms (Albert), *La Belgique sous les nazis,* Édition Universelle, Bruxelles, s. d.

De Man (Henri), *Le dossier Léopold III,* (présenté par Michel Brélaz) Antipodes, Genève, 1989.

De Man (Henri), *Cavalier seul ; quarante-cinq ans de socialisme européen,* Éditions du Cheval Ailé, Genève, 1948.

de Staercke (André), *Mémoires sur la régence et la Question royale,* Racine, Bruxelles 2003.

De Vos (Luc), *La Belgique et la Seconde Guerre mondiale,* Racine, Bruxelles 2004.

Dumoulin (Michel), « Léopold III : les enjeux d'une controverse », *Cahiers d'Histoire du Temps Présent,* n° 10, p. 199-213.

Léopold III, *Pour l'Histoire ; sur quelques épisodes de mon règne,* Racine, Bruxelles 2001.

Mathot (René), *Le ravin du loup. Hitler en Belgique et en France mai-juin 1940,* Racine, Bruxelles, 2000.

Moureaux (Serge), *Léopold III, la tentation totalitaire,* Luc Pire, Bruxelles, 2002.

Rapport de la Commission d'Information instituée par S.M. le Roi Léopold III, Bruxelles, 1947.

Recueil de documents établi par le Secrétaire du Roi concernant la période 1936-1950.

Regolo (Luciano), *Marie-José de Savoie ; La reine de mai,* Racine, Bruxelles, 2001.

Stengers (Jean), *Léopold III et le Gouvernement ; les deux politiques belges en 1940,* Racine, Bruxelles, 1980 (2002 pour la deuxième édition augmentée).

Stengers (Jean), *L'action du Roi en Belgique depuis 1831. Pouvoir et influence ; essai de typologie des modes d'action du roi,* Duculot, Gembloux, 2002.

Struye (Paul), *Journal de guerre 1940-1945,* Racine, Bruxelles, 2004.

Van Overstraeten (Raoul), *Sous le joug ; Léopold III prisonnier,* Didier Hatier, Bruxelles, 1986.

Vanwelkenhuyzen (Jean), « *Miracle* » *à Dunkerque ; La fin d'un mythe,* Racine, Bruxelles, 1994.

Vanwelkenhuyzen (Jean), *Quand les chemins se séparent ; aux sources de la Question royale,* deuxième édition, Racine, Bruxelles, 2001.

Velaers (Jan) & Van Goethem (Herman), *Leopold III, de koning, het land, de oorlog,* Lannoo, Tielt 1994.

Velaers (Jan) & Van Goethem (Herman), « En Belgique sous l'Occupation », dans Dumoulin (Michel) *& al.* (éd.), *op. cit.,* p. 141-170.

Bibliographie sélective de stylistique et de critique textuelle

Börjesson (Kristin), « L'interface sémantique-pragmatique : Le rôle des intentions du locuteur et la nature des aspects pragmatiques du sens », *Langages*, 201 (1/2016), p. 15-31.

Doury (Marianne), *Argumentation. Analyser textes et discours*, Armand Colin, Paris, 2016.

Granger (Gilles-Gaston), *Essai d'une philosophie du style*, 3 vols., Odile Jacob, Paris, 1988.

Grice (Herbert Paul), « Logique et conversation », *Communications*, n° 30, 1979, p. 57-72.

Jacques (Francis) : *Dialogiques ; recherches logiques sur le dialogue*, PUF, Paris, 1979.

Kerbrat-Orecchioni (Catherine), *Les interactions verbales*, Armand Colin, Paris, 1990.

Moeschler (Jacques) et Reboul (Anne), *Dictionnaire encyclopédique de pragmatique*, Seuil, Paris, 1994.

Perelman (Chaïm) & Olbrechts-Tyteca (Lucie), *Traité de l'argumentation*, Éditions de l'Université de Bruxelles, Bruxelles, 1985.

Table des matières

Dans la collection

« Histoire en Mouvement »

1. LABARRE Guy, Le Dieu Mèn et son sanctuaire à Antioche de Pisidie, 2010.
2. VAN DALEN Alice, *Henri Van der Noot*, 2010.
3. D'SOUZA Florence (dir.), *Des voyages vers l'inconnu entre 1630 et 1880*, 2016.
4. NICAISE Boris, *Le complot des Pots-De-Beurre, Des Francs-Maçons résistent à Napoléon ! Récit historique*, 2016.
5. DE SCHUTTER Xavier, *De Byzance à Florence. Sur les traces de Pléthon*, 2016.
6. MARÉCHAL Jean-Claude, *Un agent parachutiste dans l'Histoire*, 2016.
7. BURGEON Christophe, *Autour des valeurs romaines : la* fides, *la* pietas *et la* virtus *des guerres puniques à la dynastie flavienne*, 2017.
8. BURGEON Christophe, *Rome et Carthage avant les guerres puniques. Les trois premiers traités romano-carthaginois décrits par Polybe*, 2018.
9. PELLETIER Stéphane, *Une histoire de la transition démocratique en Espagne. De la fin de la dictature franquiste à l'entrée dans la CEE*, 2019.
10. THYS Christian, *L'enfer de la rédemption nazie. Essai sur les carnets de Goebbels et Rosenberg*, 2019.
11. THYS Christian, *Ébauches anthropologiques*, 2021.
12. DE SCHUTTER Xavier, *Les errances d'Ulysse*, 2021.